일본어
한자
암기
박사1

상용한자
기본학습

쓰기
훈련
노트

SD에듀
(주)시대고시기획

읽으면 저절로 외워지는
기적의 암기공식

일본어
한자

상용한자
기본학습

암기
박사1

쓰기
훈련
노트

SD에듀
(주)시대고시기획

한자 3박자 연상 학습법

GUIDE

◎ 한자 3박자 연상 학습법이란?

한자암기박사 시리즈에 적용한 학습법은 '한자 3박자 연상 학습법'입니다. 이 책은 일본어 한자를 익히는 책이지만, 본책의 각 페이지에 적용한 학습법을 보다 쉽게 이해하여 학습의 능력을 높여 드리기 위해서 한국 한자로 쉽게 설명하였습니다. 한국 한자나 일본 한자나 중국 한자나 학습법은 모두 똑같습니다.

한자 3박자 연상 학습법(LAM; Learning for Associative Memories)은 어렵고 복잡한 한자를 무조건 통째로 익히지 않고 부수나 독립된 한자로 나누어 ❶ 머리에 쏙쏙 들어오는 생생한 어원으로, ❷ 동시에 관련된 한자들도 익히면서, ❸ 그 한자가 쓰인 단어들까지 생각해 보는 방법입니다.

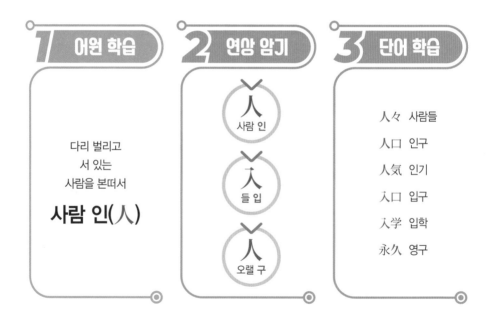

1 어원 학습	2 연상 암기	3 단어 학습
다리 벌리고 서 있는 사람을 본떠서 **사람 인(人)**	人 사람 인 入 들 입 久 오랠 구	人々 사람들 人口 인구 人気 인기 入口 입구 入学 입학 永久 영구

이런 방법으로 된 책의 내용을 좀 더 체계적으로 익히기 위해서 ❶ 제목을 중심 삼아 외고, ❷ 그 제목을 보면서 각 한자들은 어떤 공통점과 차이점으로 이루어진 한자들인지 구조와 어원으로 떠올려 보고, ❸ 각 한자들이 쓰인 단어들은 무엇인지 생각해 보세요. 그래서 어떤 한자를 보면 그 한자와 관련된 한자들로 이루어진 제목이 떠오르고, 그 제목에서 각 한자들의 어원과 단어들까지 떠올릴 수 있다면 이미 그 한자는 완전히 익히신 것입니다.

○ 한자 3박자 연상 학습법에 따른 학습법

▶ **1박자 학습**

첫 번째로 나온 한자는 아래에 나온 한자들의 기준이 되는 '기준 한자'이며, 1박자 학습 시에는 기준 한자부터 우측에 설명되어 있는 생생한 어원과 함께 익힙니다. (또한 필순/난이도/총획/부수 등이 표시되어 있으니 참고하며 익히십시오.)

일(一)에 하나(丨)를 그어 한 묶음인 열(卌)을 나타내어
열 십
또 전체를 열로 보아 열이니 많다는 데서 **많을 십**

훈독	**とお, と**	음독	**じゅう, じっ**

훈독 十 열 十日 10일 十重二十重 이중 삼중, 겹겹
음독 十 10, 십 十分 충분함 十人十色 각인각색
十中八九 십중팔구 十進法 십진법

N4 **小1**
2획 / 제부수

▶ **2박자 학습**

기준 한자를 중심으로 파생된 다른 한자들(첫 번째 한자 아래에 나온 한자들)을 우측의 생생한 어원과 함께 자연스럽게 연상하며 익히도록 합니다.

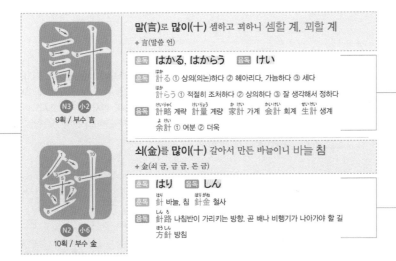

말(言)로 많이(十) 셈하고 꾀하니 **셈할 계, 꾀할 계**
+ 言(말씀 언)

훈독	**はかる, はからう**	음독	**けい**

훈독 計る ① 상의(의논)하다 ② 헤아리다, 가늠하다 ③ 세다
計らう ① 적절히 조처하다 ② 상의하다 ③ 잘 생각해서 정하다
음독 計略 계략 計量 계량 家計 가계 会計 회계 生計 생계
余計 ① 여분 ② 더욱

N3 **小2**
9획 / 부수 言

쇠(金)를 많이(十) 갈아서 만든 바늘이니 **바늘 침**
+ 金(쇠 금, 금 금, 돈 금)

훈독	**はり**	음독	**しん**

훈독 針 바늘, 침 針金 철사
음독 針路 나침반이 가리키는 방향, 곧 배나 비행기가 나아가야 할 길
方針 방침

N2 **小6**
10획 / 부수 金

▶ **3박자 학습**

어원을 중심으로 한자들을 자연스럽게 연상하며 익히는 것과 함께 각 한자들의 일본어 훈독 및 음독을 파악하고 일본어 능력 시험에 자주 출제되는 단어, 혹은 실생활에서 빈번히 쓰이는 관련 단어들을 익히도록 합니다.

쓰기 훈련 노트 활용법

본 '일본어 한자암기박사 쓰기 훈련 노트'는 '[본 교재] 일본어 한자암기박사'에 나온 한자들을 직접 써 보며 연습할 수 있는 워크북 개념의 교재입니다. 또한 본 교재와 쓰기 연습 노트에 나온 한자의 순서가 완벽하게 동일하기 때문에, 본책의 mp3 파일이나 유튜브 한자 암기 훈련 영상과 함께 보며 듣고 학습을 병행하시면 더욱 효과적인 학습이 됩니다.

◉ 본 교재

일본어 한자암기박사1
상용한자 기본학습

읽으면 저절로 외워지는 기적의 암기 공식! [한자 3박자 연상 학습법]에 따라 일본어 한자를 효과적으로 학습할 수 있는 교재입니다. (별도 구매)

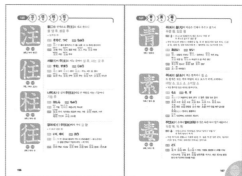

◉ 워크북

일본어 한자암기박사1
상용한자 기본학습
쓰기 훈련 노트

본 교재에 나온 일본어 한자를 직접 쓰며 연습할 수 있는 워크북 개념의 교재입니다. 필순이 한자 내부에 표시되어 있어 손쉽게 차근차근 따라 쓰며 연습할 수 있습니다.

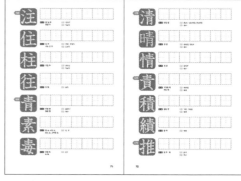

❶ 큰지막한 한자 & 한눈에 확인하는 필순

복잡한 한자의 모양새를 시원시원하게 볼 수 있도록 한자를 큰지막하게 표기하였으며, 필순을 한자 내부에 표기해 손쉽게 순서에 따라 써 볼 수 있습니다.

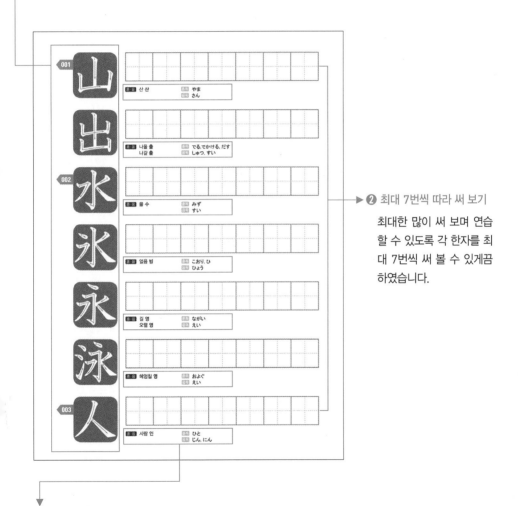

❷ 최대 7번씩 따라 써 보기

최대한 많이 써 보며 연습할 수 있도록 각 한자를 최대 7번씩 써 볼 수 있게끔 하였습니다.

❸ 각 한자의 훈 · 음 및 훈독/음독 확인하기

한자 3박자 연상 학습법의 순서로 나열된 한자들을 자연스럽게 연상 암기를 하며 각 한자의 훈 · 음 및 훈독/음독을 학습할 수 있도록 표기하였습니다. (훈독/음독은 mp3 파일이나 유튜브 한자 암기 훈련 영상을 통해 들어 보실 수 있습니다.)

日本語漢字

일본어
한자
암기
박사 1

상용한자 기본학습

한자 쓰기 훈련

▶ 참고자, 부수자 등의 한자는 쓰기 훈련 노트에서
제외하였습니다.

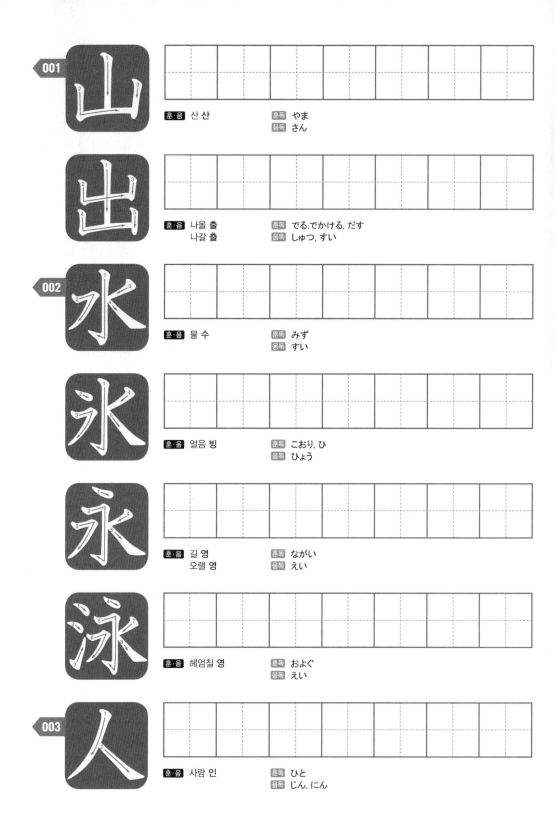

001 山

훈·음 산 산　　훈독 やま
　　　　　　　　음독 さん

出

훈·음 나올 출　　훈독 でる, でかける, だす
　　　 나갈 출　　음독 しゅつ, すい

002 水

훈·음 물 수　　훈독 みず
　　　　　　　 음독 すい

氷

훈·음 얼음 빙　　훈독 こおり, ひ
　　　　　　　　 음독 ひょう

永

훈·음 길 영　　훈독 ながい
　　　 오랠 영　　음독 えい

泳

훈·음 헤엄칠 영　　훈독 およぐ
　　　　　　　　 음독 えい

003 人

훈·음 사람 인　　훈독 ひと
　　　　　　　 음독 じん, にん

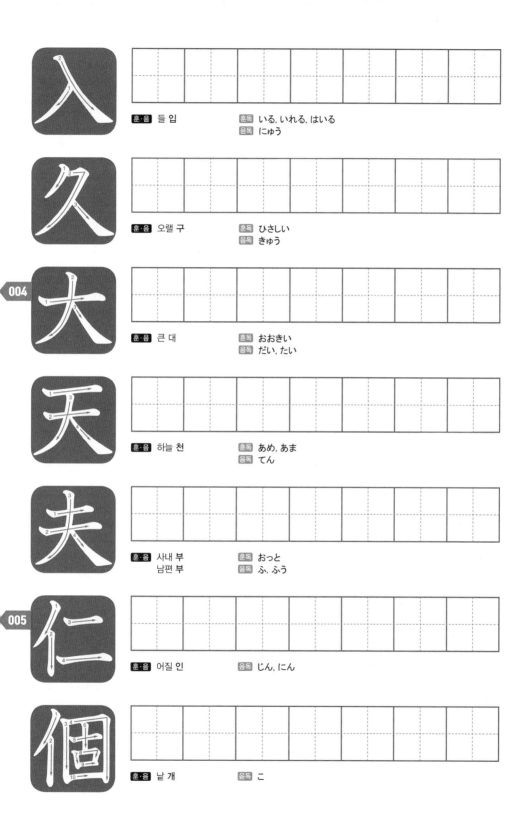

入
훈·음 들 입
훈독 いる, いれる, はいる
음독 にゅう

久
훈·음 오랠 구
훈독 ひさしい
음독 きゅう

004 大
훈·음 큰 대
훈독 おおきい
음독 だい, たい

天
훈·음 하늘 천
훈독 あめ, あま
음독 てん

夫
훈·음 사내 부
　　 남편 부
훈독 おっと
음독 ふ, ふう

005 仁
훈·음 어질 인
음독 じん, にん

個
훈·음 낱 개
음독 こ

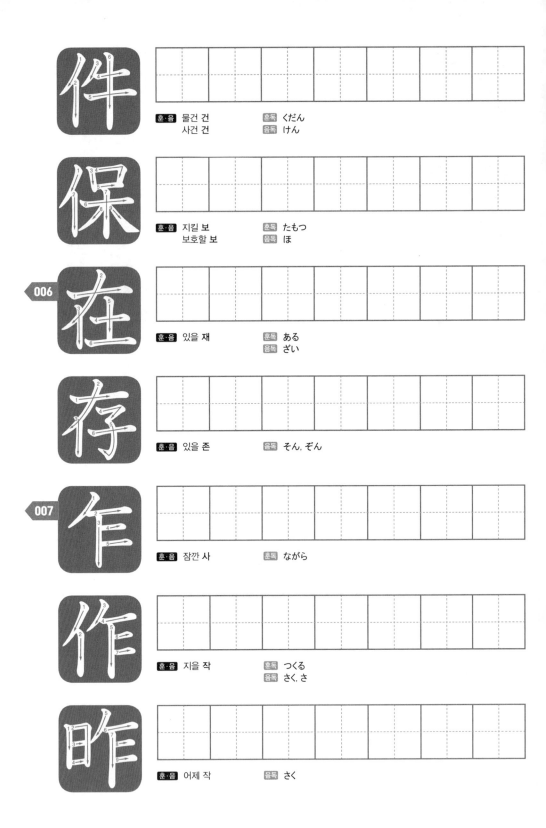

件 훈·음 물건 건 / 사건 건　훈독 くだん　음독 けん

保 훈·음 지킬 보 / 보호할 보　훈독 たもつ　음독 ほ

006 在 훈·음 있을 재　훈독 ある　음독 ざい

存 훈·음 있을 존　음독 そん, ぞん

007 乍 훈·음 잠깐 사　훈독 ながら

作 훈·음 지을 작　훈독 つくる　음독 さく, さ

昨 훈·음 어제 작　음독 さく

4

児 훈·음 아이 아　　음독 じ, に

光 훈·음 빛 광　　훈독 ひかる　　음독 こう

元 훈·음 원래 원　　훈독 もと
　　 으뜸 원　　음독 げん, がん

完 훈·음 완전할 완　　음독 かん

院 훈·음 집 원　　음독 いん
　　 관청 원

兌 훈·음 바꿀 태　　음독 だ

税 훈·음 세금 세　　음독 ぜい

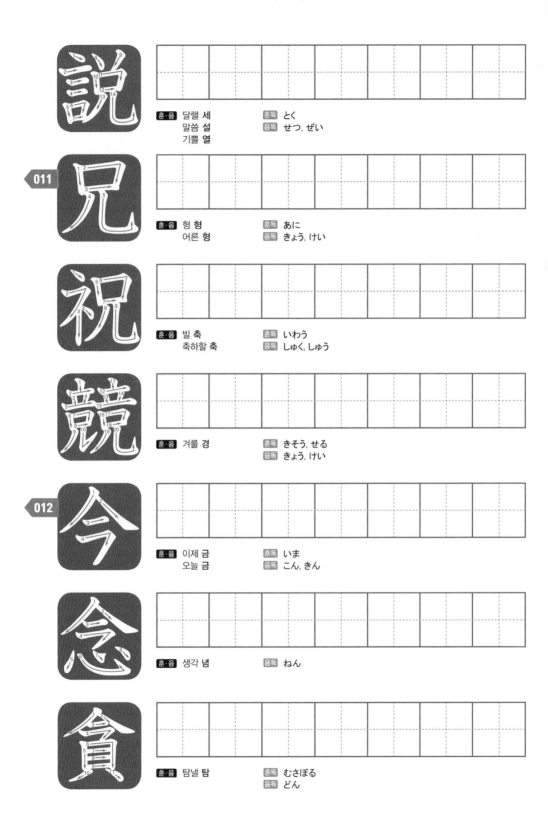

説
훈·음 달랠 세
말씀 설
기쁠 열
훈독 とく
음독 せつ, ぜい

兄 011
훈·음 형 형
어른 형
훈독 あに
음독 きょう, けい

祝
훈·음 빌 축
축하할 축
훈독 いわう
음독 しゅく, しゅう

競
훈·음 겨룰 경
훈독 きそう, せる
음독 きょう, けい

今 012
훈·음 이제 금
오늘 금
훈독 いま
음독 こん, きん

念
훈·음 생각 념
음독 ねん

貪
훈·음 탐낼 탐
훈독 むさぼる
음독 どん

훈·음 가난할 빈　　훈독 まずしい
　　　　　　　　　音독 ひん, びん

013

훈·음 합할 합　　훈독 あう, あわせる
　　　　맞을 합　　音독 かつ, がつ, ごう

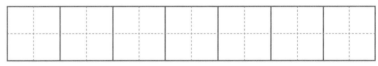

훈·음 주울 습　　훈독 ひろう
　　　　열 십　　　音독 しゅう, じゅう

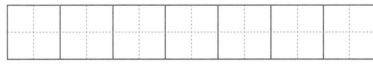

훈·음 줄 급　　　훈독 たまう
　　　　　　　　　音독 きゅう

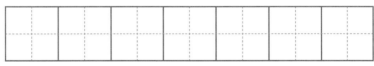

훈·음 대답할 답　훈독 こたえる
　　　　갚을 답　　音독 とう

014

훈·음 다 첨　　　音독 せん
　　　　모두 첨

훈·음 검사할 검　音독 けん

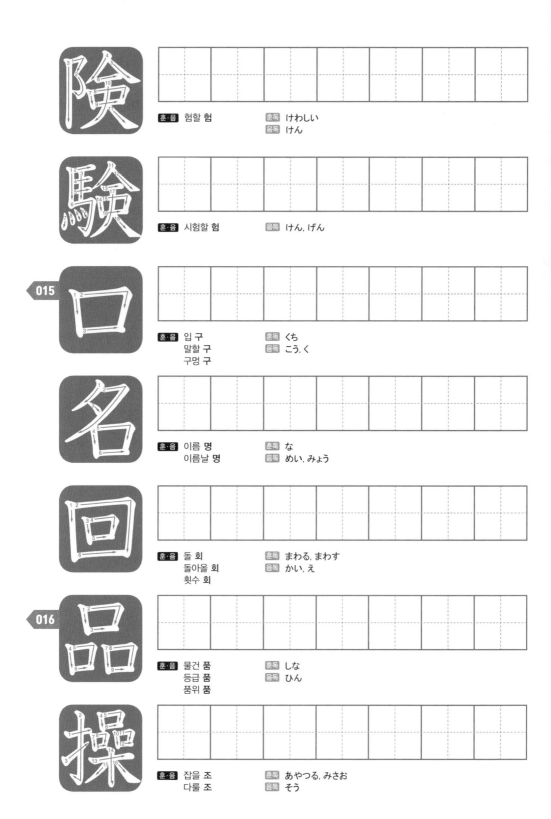

険 | 훈·음 험할 험 | 훈독 けわしい / 음독 けん

験 | 훈·음 시험할 험 | 음독 けん, げん

015 口 | 훈·음 입 구 / 말할 구 / 구멍 구 | 훈독 くち / 음독 こう, く

名 | 훈·음 이름 명 / 이름날 명 | 훈독 な / 음독 めい, みょう

回 | 훈·음 돌 회 / 돌아올 회 / 횟수 회 | 훈독 まわる, まわす / 음독 かい, え

016 品 | 훈·음 물건 품 / 등급 품 / 품위 품 | 훈독 しな / 음독 ひん

操 | 훈·음 잡을 조 / 다룰 조 | 훈독 あやつる, みさお / 음독 そう

훈·음 나눌 구 　　　음독 く
구역 구

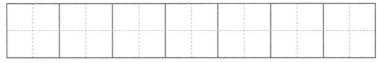

훈·음 클 태 　　　훈독 ふとい, ふとる
　　　　　　　　음독 たい, た

훈·음 개 견 　　　훈독 いぬ
　　　　　　　음독 けん

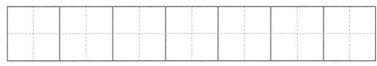

훈·음 감옥 옥 　　　음독 ごく

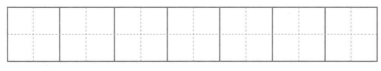

훈·음 그릇 기 　　　훈독 うつわ
기구 기 　　　음독 き

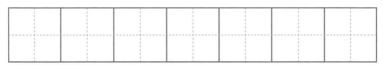

훈·음 곤란할 곤 　　　훈독 こまる
　　　　　　　　음독 こん

훈·음 말미암을 인 　　　훈독 よる
의지할 인 　　　음독 いん

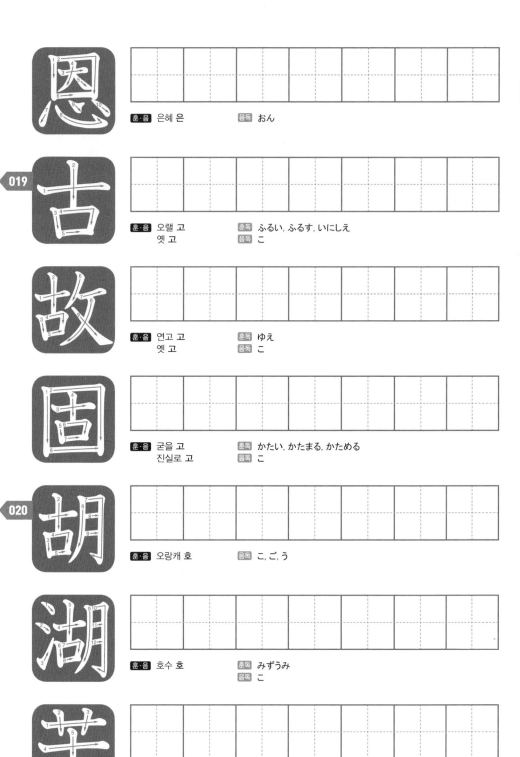

恩　훈·음 은혜 은　음독 おん

019 古　훈·음 오랠 고 / 옛 고　훈독 ふるい, ふるす, いにしえ　음독 こ

故　훈·음 연고 고 / 옛 고　훈독 ゆえ　음독 こ

固　훈·음 굳을 고 / 진실로 고　훈독 かたい, かたまる, かためる　음독 こ

020 胡　훈·음 오랑캐 호　음독 こ, ご, う

湖　훈·음 호수 호　훈독 みずうみ　음독 こ

苦　훈·음 쓸 고 / 괴로울 고　훈독 くるしむ, くるしめる, くるしい, にがい, にがる　음독 く

훈·음 만약 약, 같을 약　　훈독 わかい, もし
반야 야, 젊을 약　　음독 じゃく

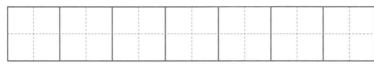

훈·음 각각 각　　훈독 おのおの
　　　　　　　　　음독 かく

훈·음 격식 격　　음독 かく, こう
헤아릴 격

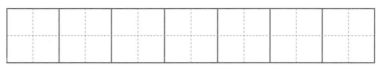

훈·음 길 로　　훈독 じ
　　　　　　　음독 ろ

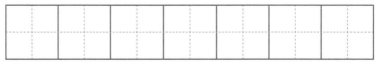

훈·음 간략할 략　　훈독 ほぼ
빼앗을 략　　음독 りゃく

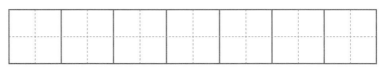

훈·음 누각 각　　음독 かく
내각 각

훈·음 손님 객　　음독 きゃく, かく

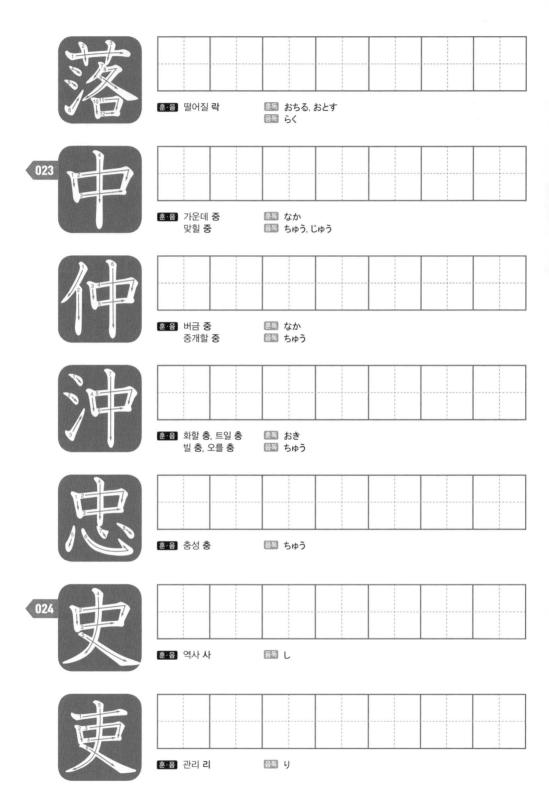

落

훈·음 떨어질 락　　훈독 おちる, おとす
　　　　　　　　　음독 らく

中

훈·음 가운데 중　　훈독 なか
　　　맞힐 중　　　음독 ちゅう, じゅう

仲

훈·음 버금 중　　　훈독 なか
　　　중개할 중　　음독 ちゅう

沖

훈·음 화할 충, 트일 충　훈독 おき
　　　빌 충, 오를 충　　음독 ちゅう

忠

훈·음 충성 충　　　음독 ちゅう

史

훈·음 역사 사　　　음독 し

吏

훈·음 관리 리　　　음독 り

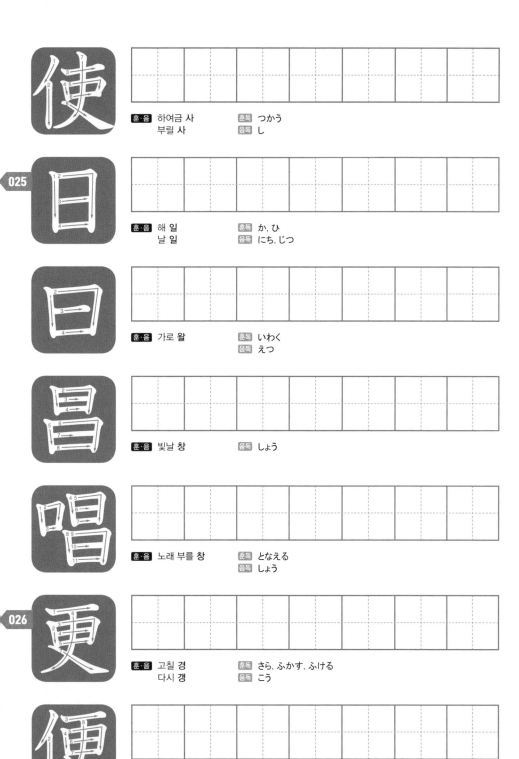

使
훈·음 하여금 사 훈독 つかう
      부릴 사   음독 し

日
훈·음 해 일 훈독 か, ひ
      날 일 음독 にち, じつ

曰
훈·음 가로 왈 훈독 いわく
              음독 えつ

昌
훈·음 빛날 창 음독 しょう

唱
훈·음 노래 부를 창 훈독 となえる
                음독 しょう

更
훈·음 고칠 경 훈독 さら, ふかす, ふける
      다시 갱 음독 こう

便
훈·음 편할 편 훈독 たより
      똥오줌 변 음독 べん, びん

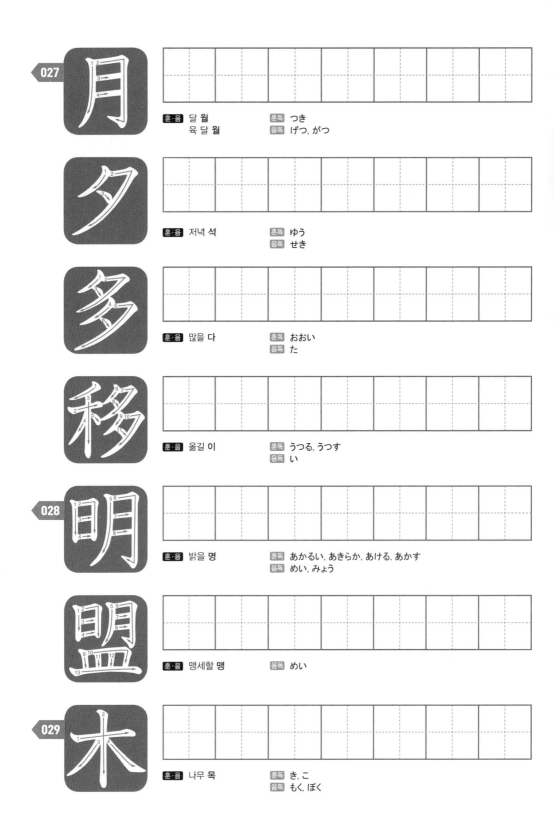

027 月

훈·음 달 월
육 달 월

훈독 つき
음독 げつ, がつ

夕

훈·음 저녁 석

훈독 ゆう
음독 せき

多

훈·음 많을 다

훈독 おおい
음독 た

移

훈·음 옮길 이

훈독 うつる, うつす
음독 い

028 明

훈·음 밝을 명

훈독 あかるい, あきらか, あける, あかす
음독 めい, みょう

盟

훈·음 맹세할 맹

음독 めい

029 木

훈·음 나무 목

훈독 き, こ
음독 もく, ぼく

14

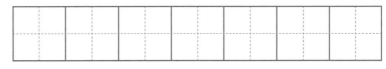

훈·음 쉴 휴　　훈독 やすむ, やすまる, やすめる
　　　　　　　음독 きゅう

훈·음 편지 찰　　훈독 ふだ
　　　 패 찰　　 음독 さつ
　　　 돈 찰

030

훈·음 끝 말　　훈독 すえ
　　　　　　　음독 まつ, ばつ

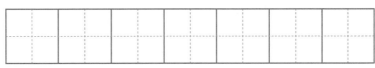

훈·음 근본 본, 뿌리 본　　훈독 もと
　　　 책 본, 물건 본　　 음독 ほん

031

훈·음 아닐 미　　음독 み
　　　 아직 ~ 않을 미
　　　 여덟째 지지 미

훈·음 맛 미　　훈독 あじ, あじわう
　　　　　　　음독 み

훈·음 여동생 매　　훈독 いもうと
　　　　　　　　 음독 まい

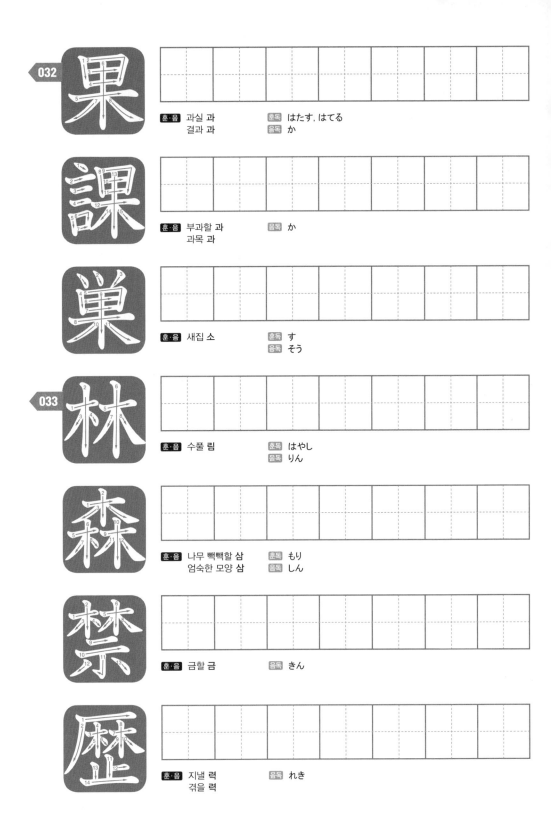

032

果
훈·음 과실 과
결과 과
훈독 はたす, はてる
음독 か

課
훈·음 부과할 과
과목 과
음독 か

巢
훈·음 새집 소
훈독 す
음독 そう

033

林
훈·음 수풀 림
훈독 はやし
음독 りん

森
훈·음 나무 빽빽할 삼
엄숙한 모양 삼
훈독 もり
음독 しん

禁
훈·음 금할 금
음독 きん

歷
훈·음 지낼 력
겪을 력
음독 れき

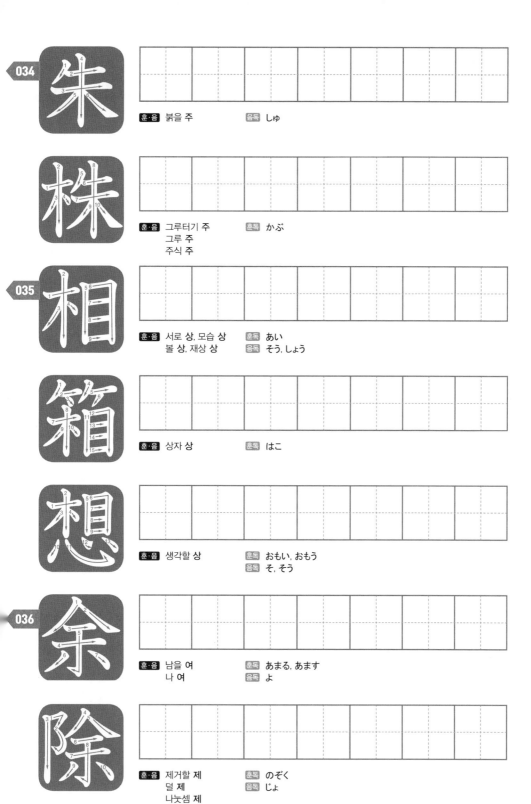

034 朱
훈·음 붉을 주 　　음독 しゅ

株
훈·음 그루터기 주 　　훈독 かぶ
　　　그루 주
　　　주식 주

035 相
훈·음 서로 상, 모습 상 　　훈독 あい
　　　볼 상, 재상 상 　　음독 そう, しょう

箱
훈·음 상자 상 　　훈독 はこ

想
훈·음 생각할 상 　　훈독 おもい, おもう
　　　　　　　　　음독 そ, そう

036 余
훈·음 남을 여 　　훈독 あまる, あます
　　　나 여 　　음독 よ

除
훈·음 제거할 제 　　훈독 のぞく
　　　덜 제 　　음독 じょ
　　　나눗셈 제

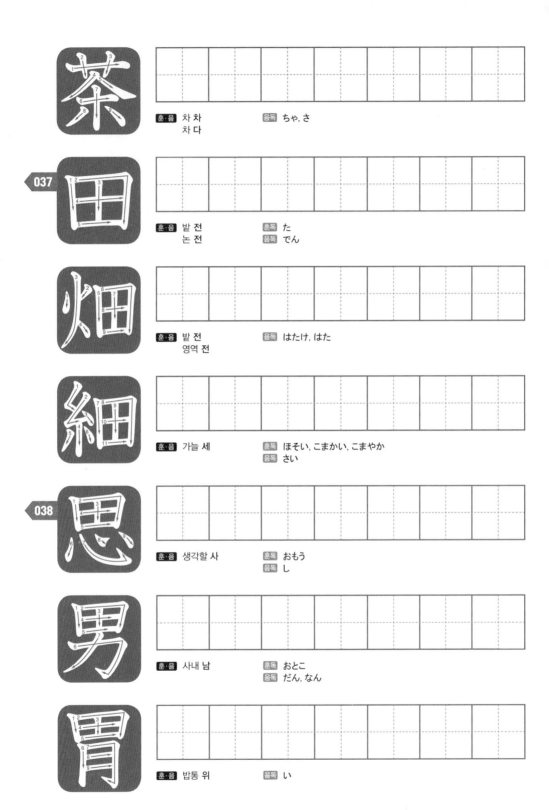

茶
훈·음 차 차　　　음독 ちゃ, さ
　　　차 다

田
훈·음 밭 전　　　훈독 た
　　　논 전　　　음독 でん

畑
훈·음 밭 전　　　　음독 はたけ, はた
　　　영역 전

細
훈·음 가늘 세　　　훈독 ほそい, こまかい, こまやか
　　　　　　　　　음독 さい

思
훈·음 생각할 사　　　훈독 おもう
　　　　　　　　　음독 し

男
훈·음 사내 남　　　훈독 おとこ
　　　　　　　　음독 だん, なん

胃
훈·음 밥통 위　　　음독 い

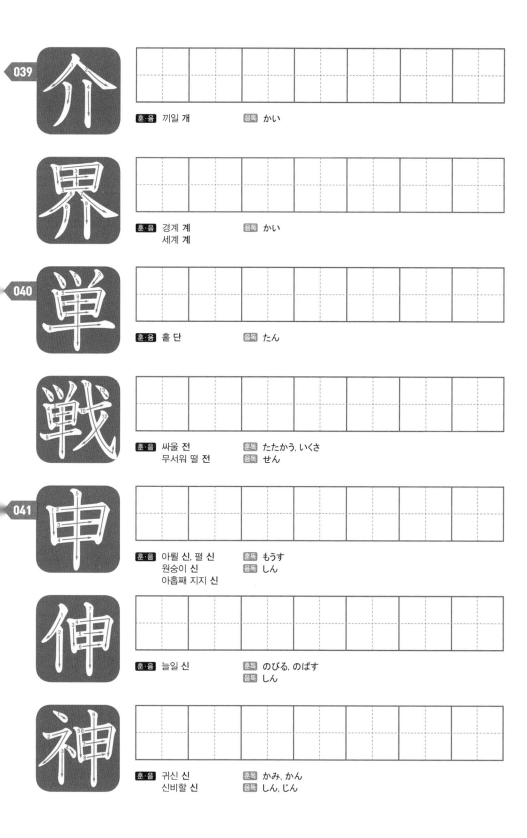

039

훈·음 끼일 개　　　**음독** かい

훈·음 경계 계　　　**음독** かい
세계 계

040

훈·음 홀 단　　　　**음독** たん

훈·음 싸울 전　　　**훈독** たたかう, いくさ
무서워 떨 전　　**음독** せん

041

훈·음 아뢸 신, 펼 신　**훈독** もうす
원숭이 신　　　　**음독** しん
아홉째 지지 신

훈·음 늘일 신　　　**훈독** のびる, のばす
　　　　　　　　　음독 しん

훈·음 귀신 신　　　**훈독** かみ, かん
신비할 신　　　　**음독** しん, じん

042

훈·음 찰 복   **훈독** た
음독 でん

훈·음 복 복   **음독** ふく

훈·음 버금 부   **음독** ふく
예비 부

훈·음 넉넉할 부   **훈독** とみ, とむ
부자 부   **음독** ふ

043

훈·음 마을 리   **훈독** さと
거리 리   **음독** り

훈·음 이치 리   **음독** り
다스릴 리

훈·음 헤아릴 량   **훈독** はかる
용량 량   **음독** りょう

童 훈·음 아이 동 　훈독 わらべ
　　　　　　　　　음독 どう

重 훈·음 무거울 중 　훈독 おもい, おもたい, かさなる, かさねる, え
　　　　귀중할 중 　음독 じゅう, ちょう
　　　　거듭 중

種 훈·음 씨앗 종 　훈독 たね
　　　　심을 종 　음독 しゅ
　　　　종류 종

動 훈·음 움직일 동 　훈독 うごく, うごかす
　　　　　　　　　음독 どう

働 훈·음 일할 동 　훈독 はたらく
　　　　　　　　　음독 どう

裏 훈·음 속 리 　훈독 うら
　　　　　　　음독 り

黒 훈·음 검을 흑 　훈독 くろ, くろい
　　　　　　　음독 こく

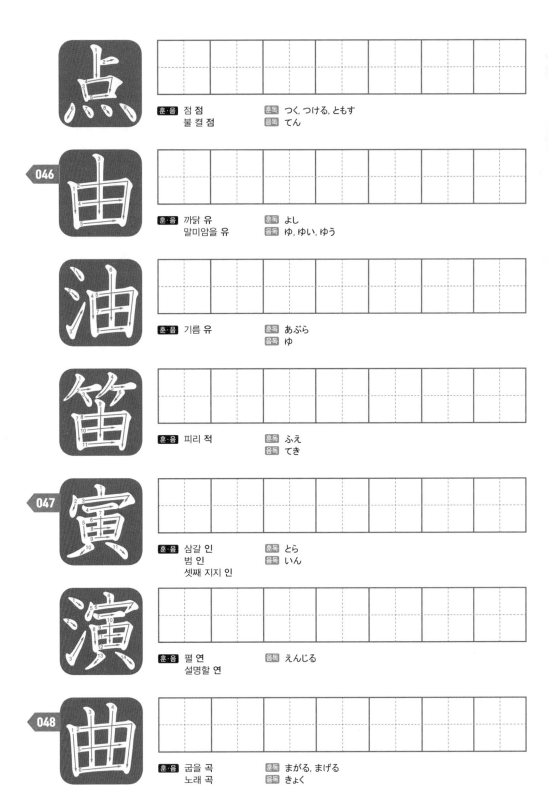

点 훈·음 점 점, 불 켤 점 / 훈독 つく, つける, ともす / 음독 てん

046 由 훈·음 까닭 유, 말미암을 유 / 훈독 よし / 음독 ゆ, ゆい, ゆう

油 훈·음 기름 유 / 훈독 あぶら / 음독 ゆ

笛 훈·음 피리 적 / 훈독 ふえ / 음독 てき

047 寅 훈·음 삼갈 인, 범 인, 셋째 지지 인 / 훈독 とら / 음독 いん

演 훈·음 펼 연, 설명할 연 / 음독 えんじる

048 曲 훈·음 굽을 곡, 노래 곡 / 훈독 まがる, まげる / 음독 きょく

훈·음 법 전
책 전
전당 잡힐 전

음독 てん

훈·음 별 진
날 신
다섯째 지지 진

훈독 たつ
음독 しん

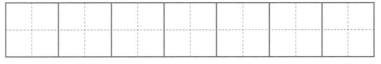

훈·음 농사 농

음독 のう

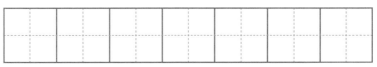

훈·음 책 책
세울 책

음독 さつ, さく

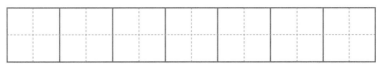

훈·음 바퀴 륜
둥글 륜
돌 륜

훈독 わ
음독 りん

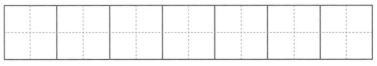

훈·음 논할 론
평할 론

음독 ろん

훈·음 싫어할 염

훈독 あきる, いとう, いやらしい
음독 えん

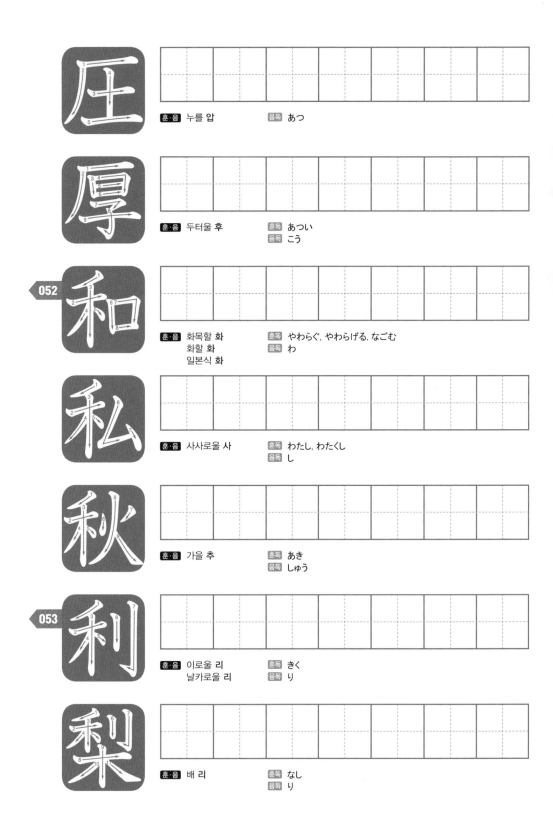

圧 | 훈·음 누를 압 | 음독 あつ

厚 | 훈·음 두터울 후 | 훈독 あつい / 음독 こう

和 052 | 훈·음 화목할 화 / 화할 화 / 일본식 화 | 훈독 やわらぐ, やわらげる, なごむ / 음독 わ

私 | 훈·음 사사로울 사 | 훈독 わたし, わたくし / 음독 し

秋 | 훈·음 가을 추 | 훈독 あき / 음독 しゅう

利 053 | 훈·음 이로울 리 / 날카로울 리 | 훈독 きく / 음독 り

梨 | 훈·음 배 리 | 훈독 なし / 음독 り

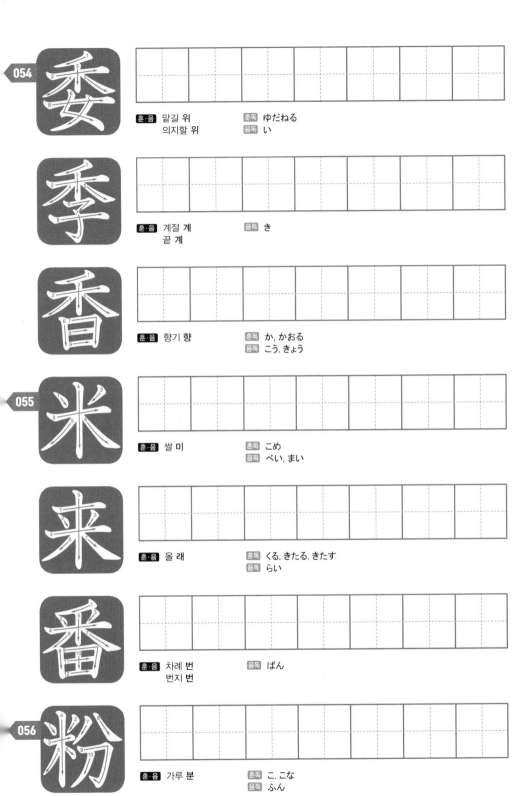

훈·음 맡길 위　　**훈독** ゆだねる
의지할 위　　**음독** い

훈·음 계절 계　　**음독** き
끝 계

훈·음 향기 향　　**훈독** か, かおる
　　　　　　　　　음독 こう, きょう

훈·음 쌀 미　　**훈독** こめ
　　　　　　　　음독 べい, まい

훈·음 올 래　　**훈독** くる, きたる, きたす
　　　　　　　　음독 らい

훈·음 차례 번　　**음독** ばん
번지 번

훈·음 가루 분　　**훈독** こ, こな
　　　　　　　　　음독 ふん

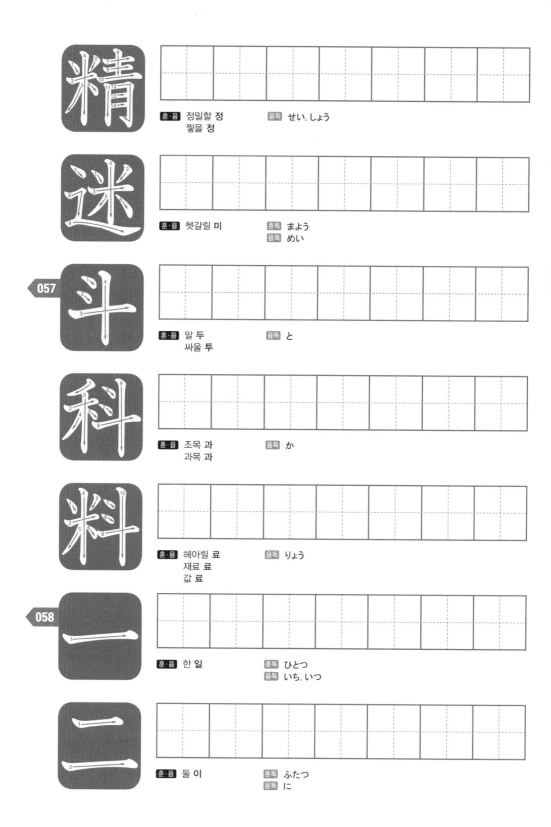

훈·음 정밀할 정
찧을 정
음독 せい, しょう

훈·음 헷갈릴 미
훈독 まよう
음독 めい

057

훈·음 말 두
싸울 투
음독 と

훈·음 조목 과
과목 과
음독 か

훈·음 헤아릴 료
재료 료
값 료
음독 りょう

058

훈·음 한 일
훈독 ひとつ
음독 いち, いつ

훈·음 둘 이
훈독 ふたつ
음독 に

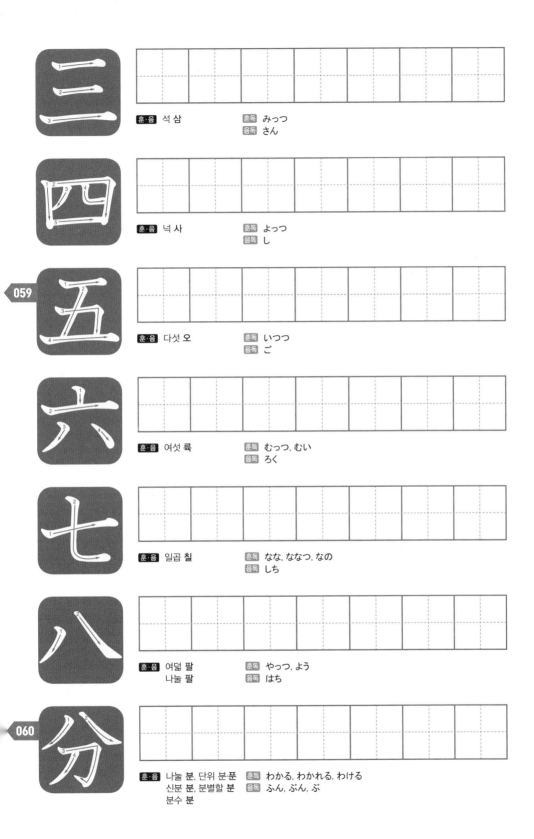

三 훈·음 석 삼　훈독 みっつ　음독 さん

四 훈·음 넉 사　훈독 よっつ　음독 し

059

五 훈·음 다섯 오　훈독 いつつ　음독 ご

六 훈·음 여섯 륙　훈독 むっつ, むい　음독 ろく

七 훈·음 일곱 칠　훈독 なな, ななつ, なの　음독 しち

八 훈·음 여덟 팔, 나눌 팔　훈독 やっつ, よう　음독 はち

060

分 훈·음 나눌 분, 단위 분·푼, 신분 분, 분별할 분, 분수 분　훈독 わかる, わかれる, わける　음독 ふん, ぶん, ぶ

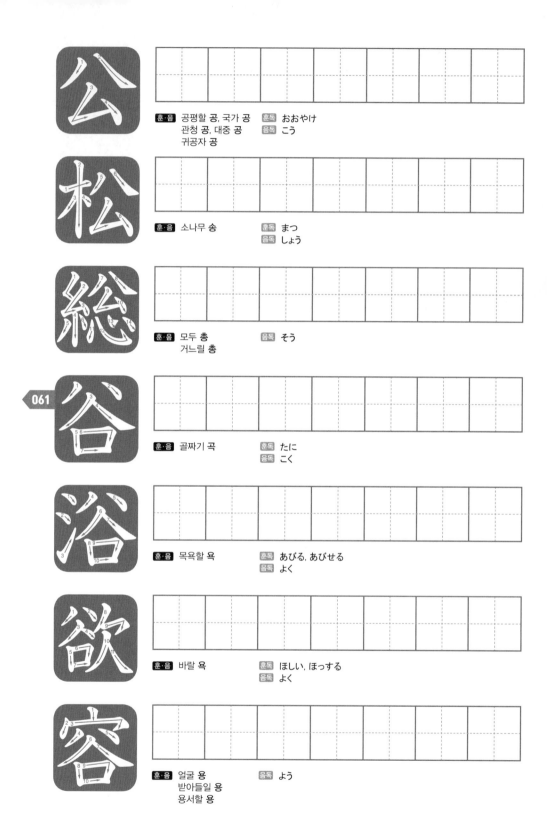

公　훈·음 공평할 공, 국가 공　훈독 おおやけ
　　　관청 공, 대중 공　음독 こう
　　　귀공자 공

松　훈·음 소나무 송　훈독 まつ
　　　　　　　　　음독 しょう

総　훈·음 모두 총　음독 そう
　　　거느릴 총

061 谷　훈·음 골짜기 곡　훈독 たに
　　　　　　　　음독 こく

浴　훈·음 목욕할 욕　훈독 あびる, あびせる
　　　　　　　　음독 よく

欲　훈·음 바랄 욕　훈독 ほしい, ほっする
　　　　　　　　음독 よく

容　훈·음 얼굴 용　음독 よう
　　　받아들일 용
　　　용서할 용

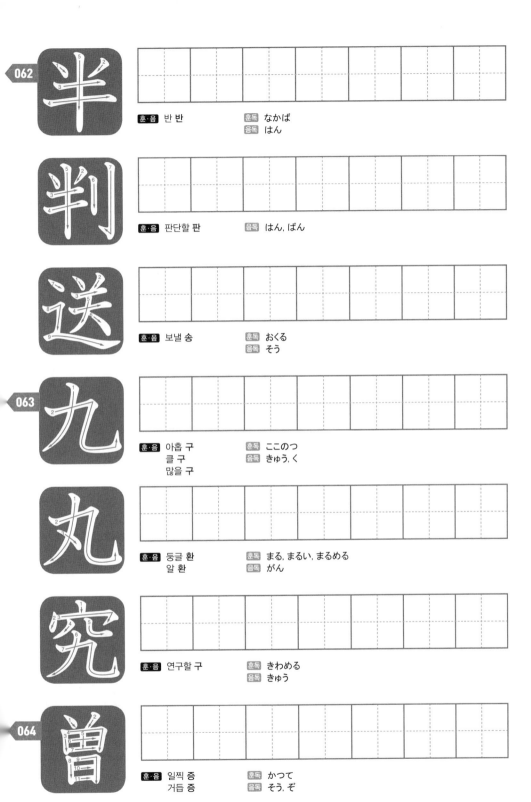

062 半

훈·음 반 반 　　훈독 なかば
　　　　　　　음독 はん

判

훈·음 판단할 판 　　음독 はん, ばん

送

훈·음 보낼 송 　　훈독 おくる
　　　　　　　음독 そう

063 九

훈·음 아홉 구 　　훈독 ここのつ
　　　 클 구 　　　음독 きゅう, く
　　　 많을 구

丸

훈·음 둥글 환 　　훈독 まる, まるい, まるめる
　　　 알 환 　　　음독 がん

究

훈·음 연구할 구 　　훈독 きわめる
　　　　　　　　음독 きゅう

064 曽

훈·음 일찍 증 　　훈독 かつて
　　　 거듭 증 　　음독 そう, ぞ

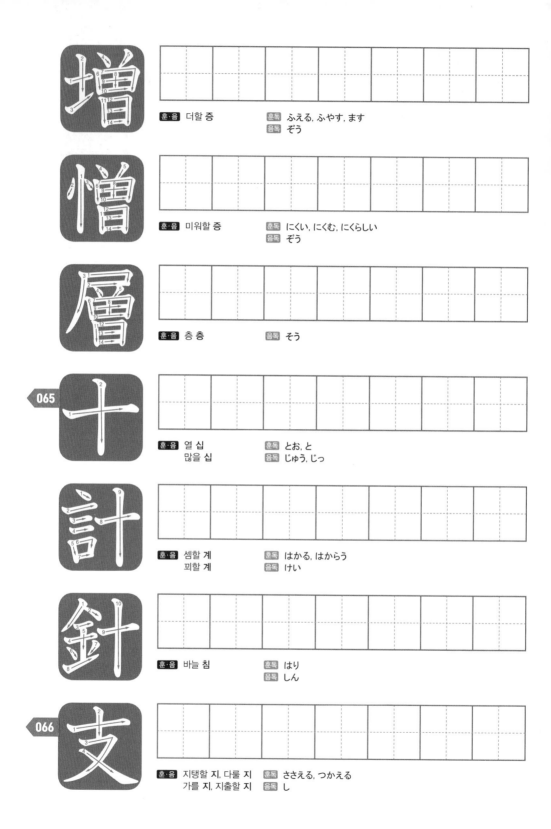

훈·음 더할 증　　　훈독 ふえる, ふやす, ます
　　　　　　　　　음독 ぞう

훈·음 미워할 증　　훈독 にくい, にくむ, にくらしい
　　　　　　　　　음독 ぞう

훈·음 층 층　　　　음독 そう

065

훈·음 열 십　　　　훈독 とお, と
　　　많을 십　　　음독 じゅう, じっ

훈·음 셈할 계　　　훈독 はかる, はからう
　　　꾀할 계　　　음독 けい

훈·음 바늘 침　　　훈독 はり
　　　　　　　　　음독 しん

066

훈·음 지탱할 지, 다룰 지　훈독 ささえる, つかえる
　　　가를 지, 지출할 지　음독 し

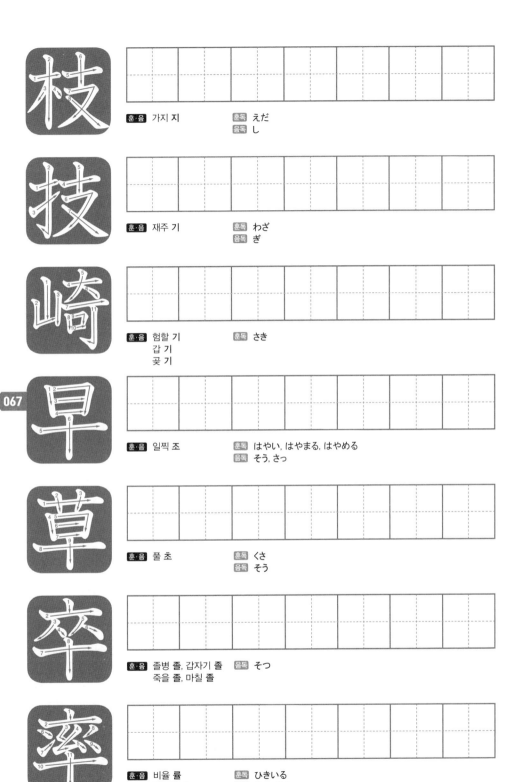

훈·음 가지 지 훈독 えだ
음독 し

훈·음 재주 기 훈독 わざ
음독 ぎ

훈·음 험할 기 훈독 さき
갑 기
곶 기

훈·음 일찍 조 훈독 はやい, はやまる, はやめる
음독 そう, さっ

훈·음 풀 초 훈독 くさ
음독 そう

훈·음 졸병 졸, 갑자기 졸 음독 そつ
죽을 졸, 마칠 졸

훈·음 비율 률 훈독 ひきいる
거느릴 솔 음독 りつ, そつ
솔직할 솔

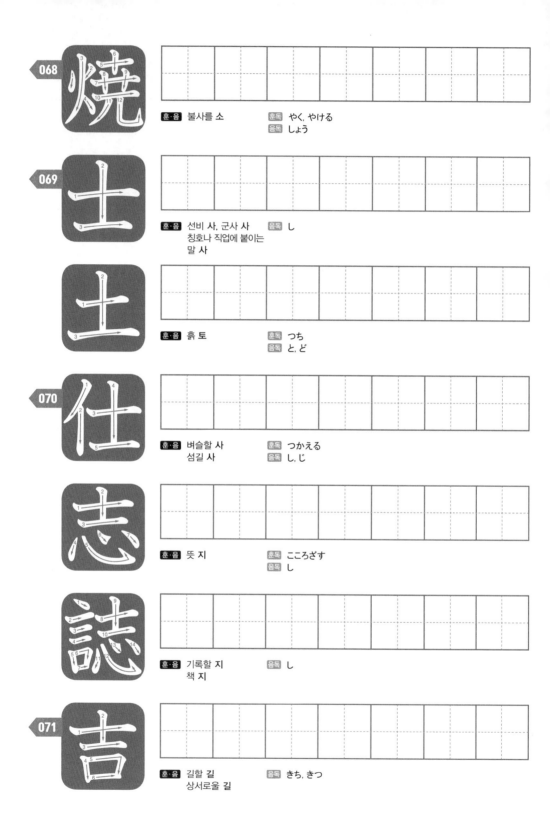

068 燒

훈·음 불사를 소　　　훈독 やく, やける
　　　　　　　　　　음독 しょう

069 士

훈·음 선비 사, 군사 사　　음독 し
　　　칭호나 직업에 붙이는
　　　말 사

土

훈·음 흙 토　　　　　훈독 つち
　　　　　　　　　　음독 と, ど

070 仕

훈·음 벼슬할 사　　　　훈독 つかえる
　　　섬길 사　　　　　음독 し, じ

志

훈·음 뜻 지　　　　　훈독 こころざす
　　　　　　　　　　음독 し

誌

훈·음 기록할 지　　　　음독 し
　　　책 지

071 吉

훈·음 길할 길　　　　　음독 きち, きつ
　　　상서로울 길

結　훈·음 맺을 결　훈독 むすぶ, ゆう, ゆわえる
음독 けつ

樹　훈·음 세울 수　음독 じゅ
나무 수

喜　훈·음 기쁠 희　훈독 よろこぶ
음독 き

舍　훈·음 집 사　음독 しゃ

捨　훈·음 버릴 사　훈독 すてる
음독 しゃ

坐　훈·음 앉을 좌　훈독 すわる
음독 ざ

座　훈·음 자리 좌　훈독 すわる
위치 좌　음독 ざ

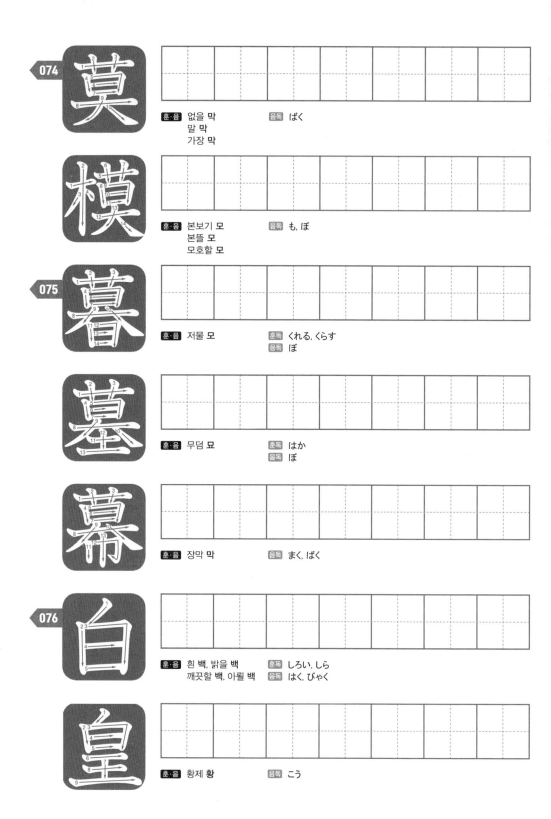

074 莫

훈·음 없을 막
말 막
가장 막

음독 ばく

模

훈·음 본보기 모
본뜰 모
모호할 모

음독 も, ぼ

---

075 暮

훈·음 저물 모

훈독 くれる, くらす
음독 ぼ

墓

훈·음 무덤 묘

훈독 はか
음독 ぼ

幕

훈·음 장막 막

음독 まく, ばく

---

076 白

훈·음 흰 백, 밝을 백
깨끗할 백, 아뢸 백

훈독 しろい, しら
음독 はく, びゃく

皇

훈·음 황제 황

음독 こう

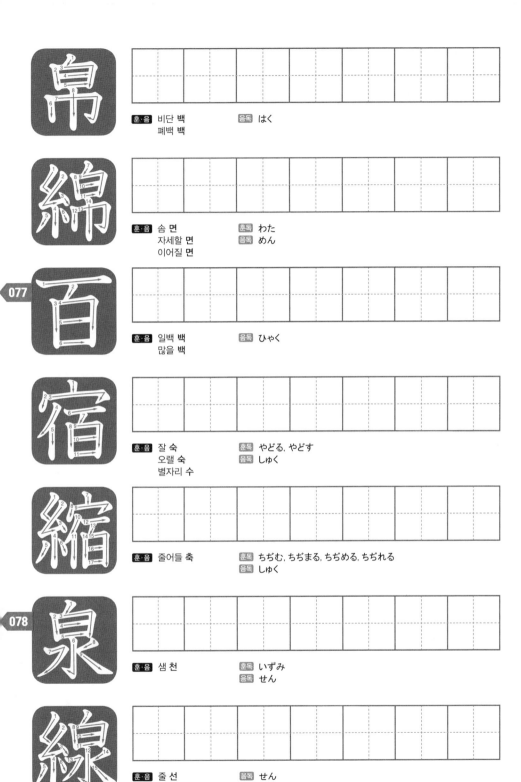

帛
훈·음 비단 **백**
폐백 **백**
음독 はく

綿
훈·음 솜 **면**
자세할 **면**
이어질 **면**
훈독 わた
음독 めん

百
훈·음 일백 **백**
많을 **백**
음독 ひゃく

宿
훈·음 잘 **숙**
오랠 **숙**
별자리 **수**
훈독 やどる, やどす
음독 しゅく

縮
훈·음 줄어들 **축**
훈독 ちぢむ, ちぢまる, ちぢめる, ちぢれる
음독 しゅく

泉
훈·음 샘 **천**
훈독 いずみ
음독 せん

線
훈·음 줄 **선**
음독 せん

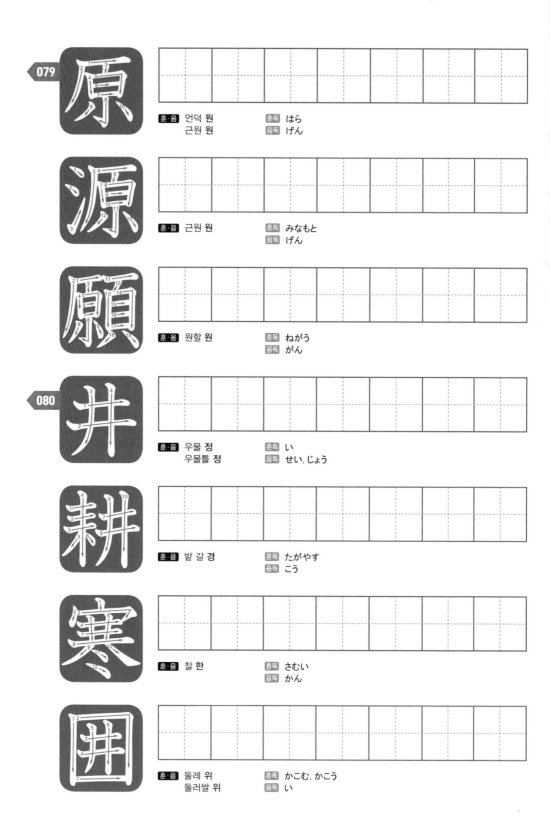

079 原
훈·음 언덕 원 / 근원 원　　　훈독 はら　　음독 げん

源
훈·음 근원 원　　　훈독 みなもと　　음독 げん

願
훈·음 원할 원　　　훈독 ねがう　　음독 がん

080 井
훈·음 우물 정 / 우물틀 정　　　훈독 い　　음독 せい, じょう

耕
훈·음 밭 갈 경　　　훈독 たがやす　　음독 こう

寒
훈·음 찰 한　　　훈독 さむい　　음독 かん

囲
훈·음 둘레 위 / 둘러쌀 위　　　훈독 かこむ, かこう　　음독 い

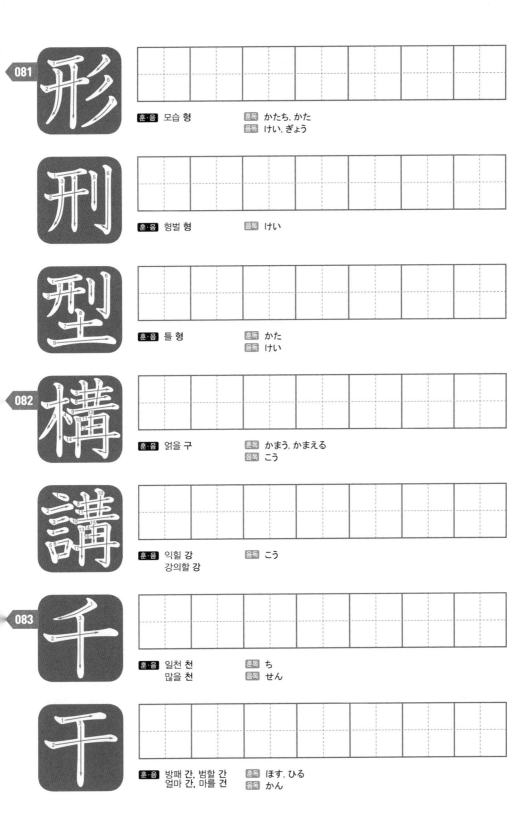

081 形

훈·음 모습 형　　　　　훈독 かたち, かた
　　　　　　　　　　음독 けい, ぎょう

刑

훈·음 형벌 형　　　　　음독 けい

型

훈·음 틀 형　　　　　훈독 かた
　　　　　　　　　　음독 けい

082 構

훈·음 얽을 구　　　　　훈독 かまう, かまえる
　　　　　　　　　　음독 こう

講

훈·음 익힐 강　　　　　음독 こう
　　　강의할 강

083 千

훈·음 일천 천　　　　　훈독 ち
　　　많을 천　　　　　음독 せん

干

훈·음 방패 간, 범할 간　훈독 ほす, ひる
　　　얼마 간, 마를 건　음독 かん

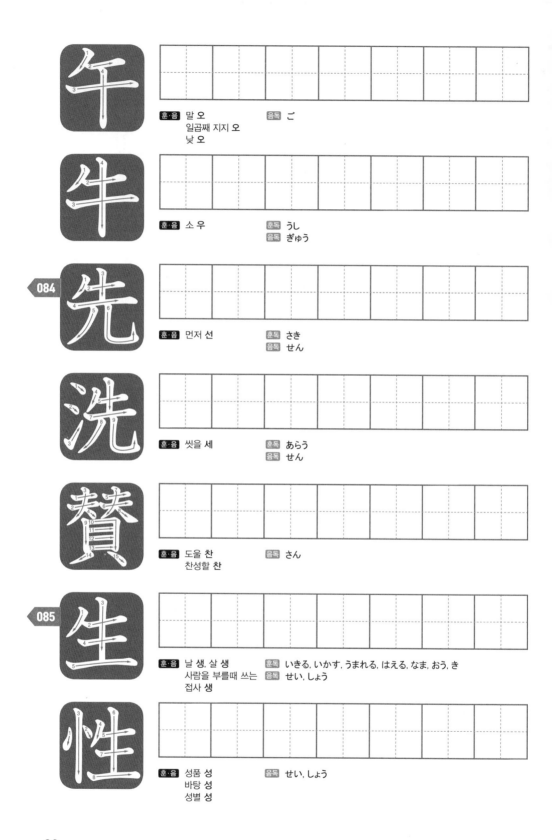

午

훈·음 말 오
일곱째 지지 오
낮 오
음독 ご

牛

훈·음 소 우
훈독 うし
음독 ぎゅう

084 先

훈·음 먼저 선
훈독 さき
음독 せん

洗

훈·음 씻을 세
훈독 あらう
음독 せん

贊

훈·음 도울 찬
찬성할 찬
음독 さん

085 生

훈·음 날 생, 살 생
사람을 부를때 쓰는
접사 생
훈독 いきる, いかす, うまれる, はえる, なま, おう, き
음독 せい, しょう

性

훈·음 성품 성
바탕 성
성별 성
음독 せい, しょう

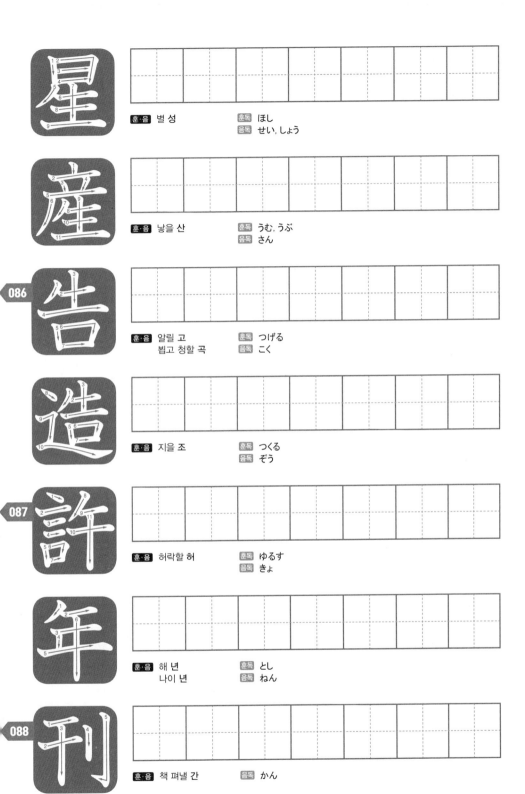

星 훈·음 별 성 훈독 ほし 음독 せい, しょう

産 훈·음 낳을 산 훈독 うむ, うぶ 음독 さん

告 **086** 훈·음 알릴 고 뵙고 청할 곡 훈독 つげる 음독 こく

造 훈·음 지을 조 훈독 つくる 음독 ぞう

許 **087** 훈·음 허락할 허 훈독 ゆるす 음독 きょ

年 훈·음 해 년 나이 년 훈독 とし 음독 ねん

刊 **088** 훈·음 책 펴낼 간 음독 かん

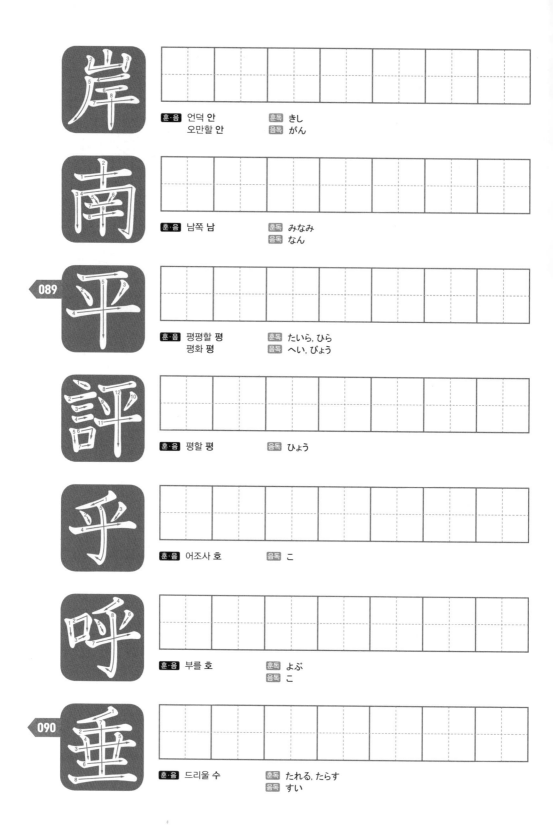

岸　훈·음 언덕 안 / 오만할 안　훈독 きし　음독 がん

南　훈·음 남쪽 남　훈독 みなみ　음독 なん

089　平　훈·음 평평할 평 / 평화 평　훈독 たいら, ひら　음독 へい, びょう

評　훈·음 평할 평　음독 ひょう

乎　훈·음 어조사 호　음독 こ

呼　훈·음 부를 호　훈독 よぶ　음독 こ

090　垂　훈·음 드리울 수　훈독 たれる, たらす　음독 すい

郵

훈·음 우편 우　　　음독 ゆう

091 宅

훈·음 집 택
　　　집 댁　　　음독 たく

092 弁

훈·음 고깔 변
　　　즐거워할 반　　　음독 べん
　　　말 잘할 변

算

훈·음 셈할 산　　　음독 さん

093 异

훈·음 마주 들 여　　　훈독 かく

興

훈·음 흥할 흥
　　　흥겨울 흥　　　훈독 おこる, おこす
　　　　　　　　　　음독 きょう, こう

挙

훈·음 들 거
　　　행할 거　　　훈독 あがる, あげる
　　　일으킬 거　　　음독 きょ

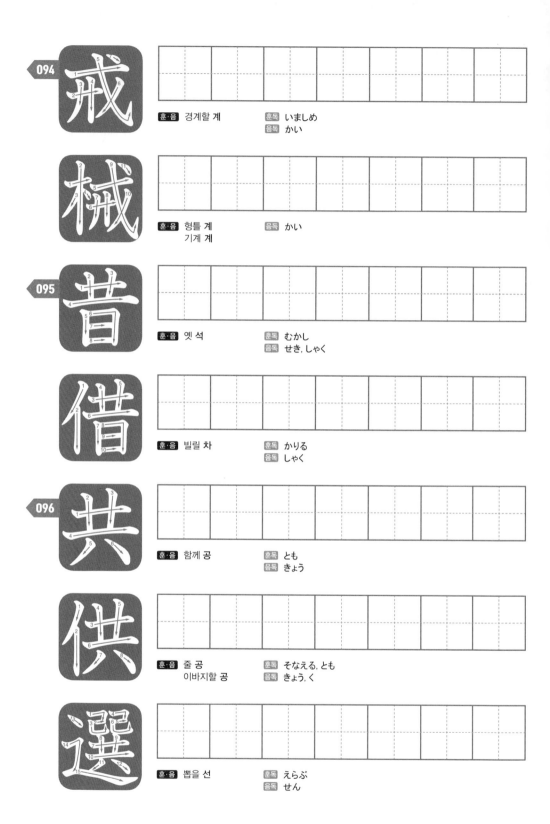

094 戒
훈·음 경계할 계
훈독 いましめ
음독 かい

械
훈·음 형틀 계
기계 계
음독 かい

095 昔
훈·음 옛 석
훈독 むかし
음독 せき, しゃく

借
훈·음 빌릴 차
훈독 かりる
음독 しゃく

096 共
훈·음 함께 공
훈독 とも
음독 きょう

供
훈·음 줄 공
이바지할 공
훈독 そなえる, とも
음독 きょう, く

選
훈·음 뽑을 선
훈독 えらぶ
음독 せん

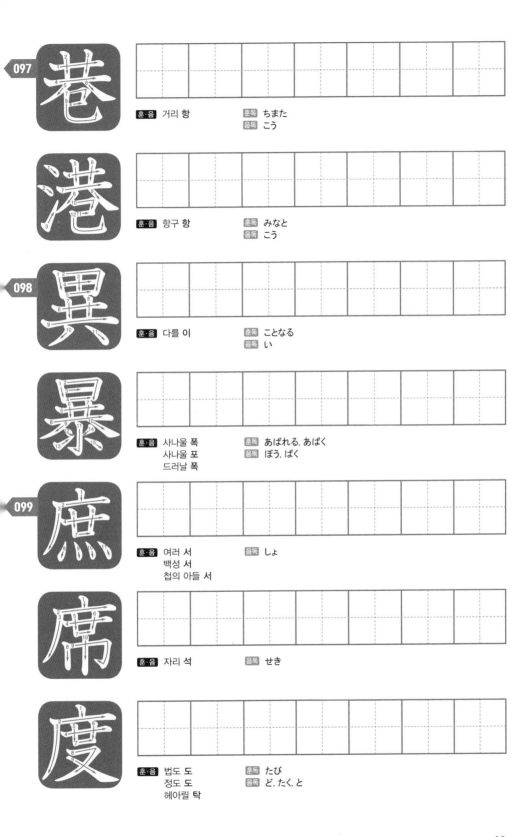

097 巷

훈·음 거리 항　　훈독 ちまた
　　　　　　　　 음독 こう

港

훈·음 항구 항　　훈독 みなと
　　　　　　　　 음독 こう

098 異

훈·음 다를 이　　훈독 ことなる
　　　　　　　　 음독 い

暴

훈·음 사나울 폭　　훈독 あばれる, あばく
　　　 사나울 포　　음독 ぼう, ばく
　　　 드러날 폭

099 庶

훈·음 여러 서　　음독 しょ
　　　 백성 서
　　　 첩의 아들 서

席

훈·음 자리 석　　음독 せき

度

훈·음 법도 도　　훈독 たび
　　　 정도 도　　음독 ど, たく, と
　　　 헤아릴 탁

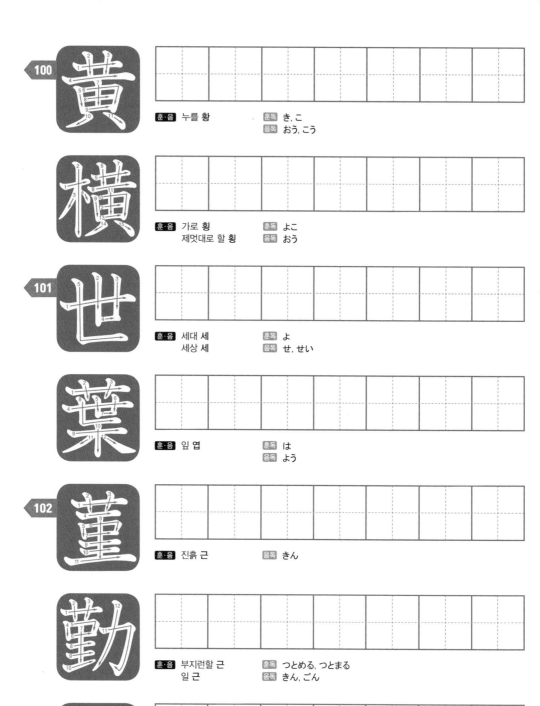

100 黃

훈·음 누를 황

훈독 き, こ
음독 おう, こう

橫

훈·음 가로 횡
제멋대로 할 횡

훈독 よこ
음독 おう

101 世

훈·음 세대 세
세상 세

훈독 よ
음독 せ, せい

葉

훈·음 잎 엽

훈독 は
음독 よう

102 菫

훈·음 진흙 근

음독 きん

勤

훈·음 부지런할 근
일 근

훈독 つとめる, つとまる
음독 きん, ごん

漢

훈·음 한나라 한
남을 흉하게 부르는
접미사 한

음독 かん

훈·음 어려울 난　훈독 むずかしい, かたい
비난할 난　음독 なん

훈·음 설 립　훈독 たつ, たてる
음독 りつ, りゅう

훈·음 자리 위　훈독 くらい
음독 い

훈·음 울 읍　훈독 なく
음독 きゅう

훈·음 나란할 병　훈독 なみ, ならべる, ならぶ
음독 へい

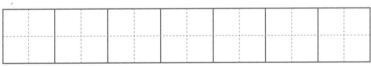

훈·음 소리 음　훈독 おと, ね
음독 おん, いん

훈·음 어두울 암　훈독 くらい
몰래 암　음독 あん

45

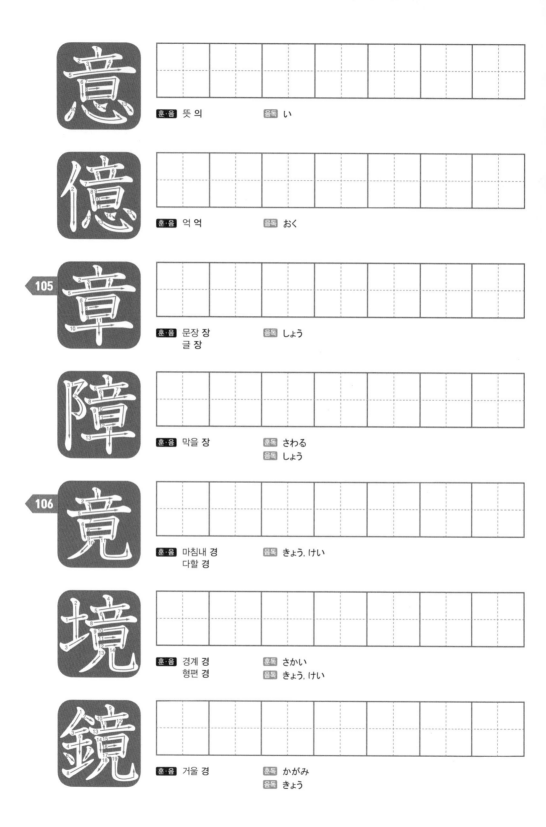

意 훈·음 뜻 의　음독 い

億 훈·음 억 억　음독 おく

105 章 훈·음 문장 장　음독 しょう
글 장

障 훈·음 막을 장　훈독 さわる
음독 しょう

106 竟 훈·음 마침내 경　음독 きょう, けい
다할 경

境 훈·음 경계 경　훈독 さかい
형편 경　음독 きょう, けい

鏡 훈·음 거울 경　훈독 かがみ
음독 きょう

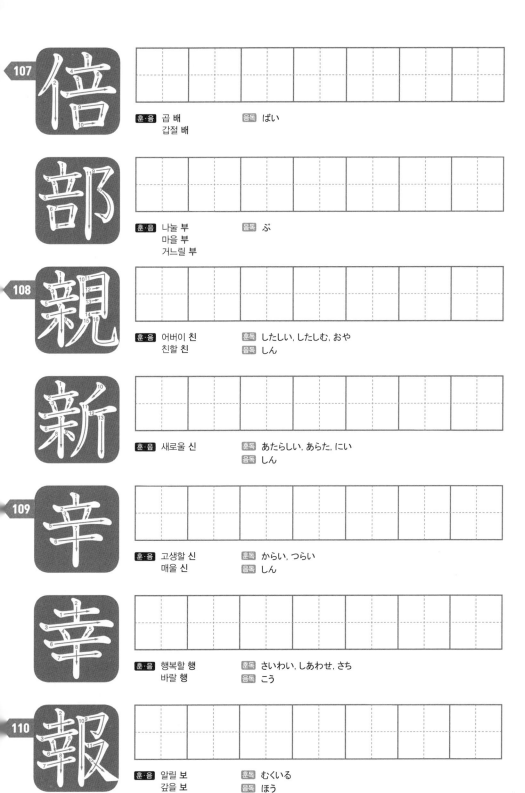

107 倍

훈·음 곱 배
　　　갑절 배
음독 ばい

部

훈·음 나눌 부
　　　마을 부
　　　거느릴 부
음독 ぶ

108 親

훈·음 어버이 친
　　　친할 친
훈독 したしい, したしむ, おや
음독 しん

新

훈·음 새로울 신
훈독 あたらしい, あらた, にい
음독 しん

109 辛

훈·음 고생할 신
　　　매울 신
훈독 からい, つらい
음독 しん

幸

훈·음 행복할 행
　　　바랄 행
훈독 さいわい, しあわせ, さち
음독 こう

110 報

훈·음 알릴 보
　　　갚을 보
훈독 むくいる
음독 ほう

47

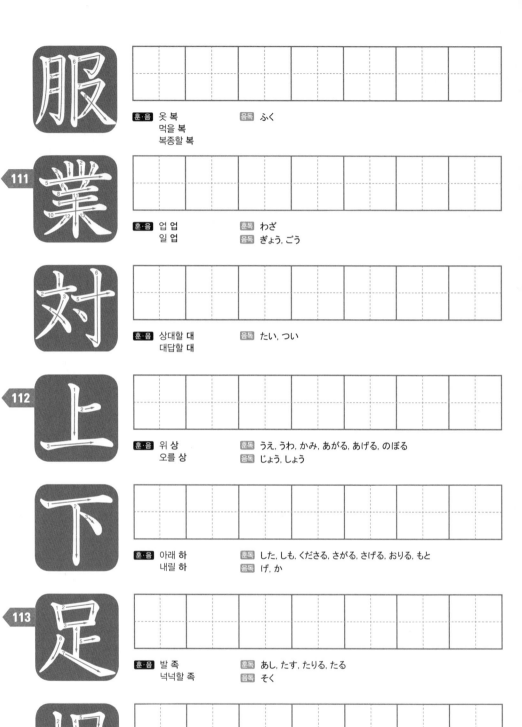

服 훈·음 옷 복
먹을 복
복종할 복
음독 ふく

業 훈·음 업 업
일 업
훈독 わざ
음독 ぎょう, ごう

対 훈·음 상대할 대
대답할 대
음독 たい, つい

上 훈·음 위 상
오를 상
훈독 うえ, うわ, かみ, あがる, あげる, のぼる
음독 じょう, しょう

下 훈·음 아래 하
내릴 하
훈독 した, しも, くださる, さがる, さげる, おりる, もと
음독 げ, か

足 훈·음 발 족
넉넉할 족
훈독 あし, たす, たりる, たる
음독 そく

捉 훈·음 잡을 착
훈독 とらえる
음독 そく

훈·음 그칠 지　　훈독 とまる, とめる
　　　　　　　　　음독 し

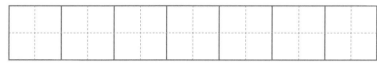

훈·음 군사 무　　음독 ぶ, む
　　　무기 무

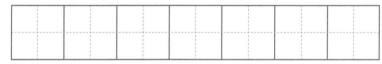

훈·음 걸음 보　　훈독 あるく, あゆむ
　　　　　　　　　음독 ほ, ぶ, ふ

훈·음 이 치　　　훈독 は
　　　나이 치　　음독 し

훈·음 조정 정　　음독 てい
　　　관청 정

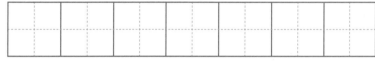

훈·음 뜰 정　　　훈독 にわ
　　　　　　　　　음독 てい

훈·음 끌 연　　　훈독 のばす, のびる, のべる
　　　늘일 연　　음독 えん

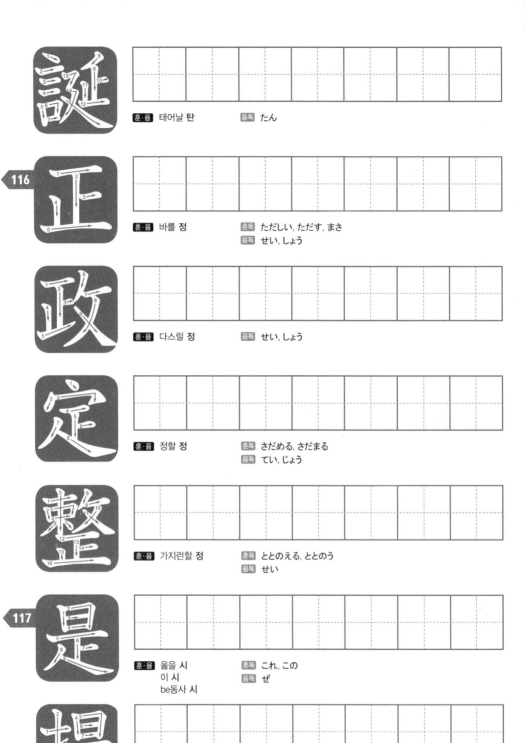

훈·음 태어날 탄   **음독** たん

116 **훈·음** 바를 정   **훈독** ただしい, ただす, まさ
　　　　　　　　　　음독 せい, しょう

훈·음 다스릴 정   **음독** せい, しょう

훈·음 정할 정   **훈독** さだめる, さだまる
　　　　　　　　　 음독 てい, じょう

훈·음 가지런할 정   **훈독** ととのえる, ととのう
　　　　　　　　　　　음독 せい

117 **훈·음** 옳을 시   **훈독** これ, この
　　　이 시　　　　 **음독** ぜ
　　　be동사 시

훈·음 끌 제   **훈독** さげる
　　　내놓을 제　 **음독** てい

훈·음 제목 제　　　　음독 だい
문제 제

훈·음 손 수　　　　훈독 て, た
재주 수　　　　음독 しゅ
재주 있는 사람 수

훈·음 절 배　　　　훈독 おがむ
　　　　　　　　음독 はい

훈·음 털 모　　　　훈독 け
　　　　　　　　음독 もう

훈·음 여자 녀　　　훈독 おんな, め
　　　　　　　　음독 じょ

훈·음 좋을 호　　　훈독 このむ, このましい, すく
　　　　　　　　음독 こう

훈·음 아내 처　　　훈독 つま
　　　　　　　　음독 さい

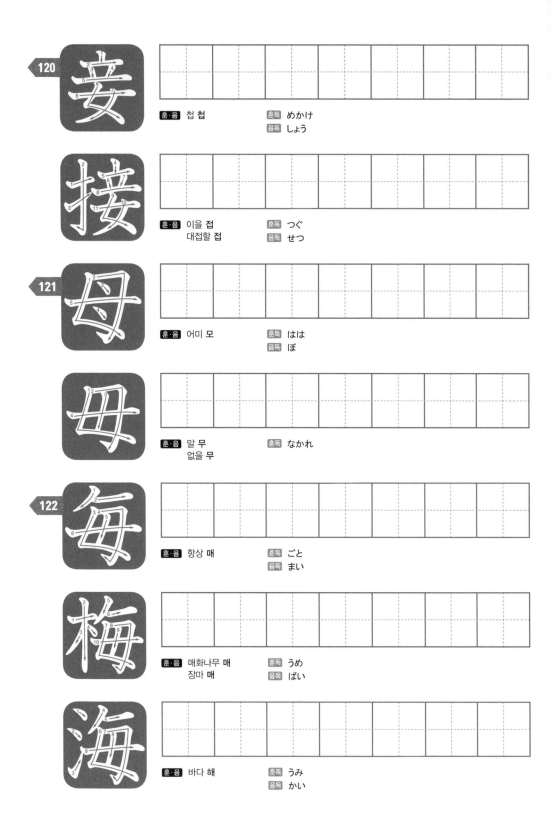

120 妾

훈·음 첩 첩 　　훈독 めかけ
　　　　　　　　음독 しょう

接

훈·음 이을 접 　　훈독 つぐ
　　　　대접할 접 　음독 せつ

121 母

훈·음 어미 모 　　훈독 はは
　　　　　　　　음독 ぼ

毋

훈·음 말 무 　　　훈독 なかれ
　　　　없을 무

122 毎

훈·음 항상 매 　　훈독 ごと
　　　　　　　　음독 まい

梅

훈·음 매화나무 매 　훈독 うめ
　　　　장마 매 　　음독 ばい

海

훈·음 바다 해 　　훈독 うみ
　　　　　　　　음독 かい

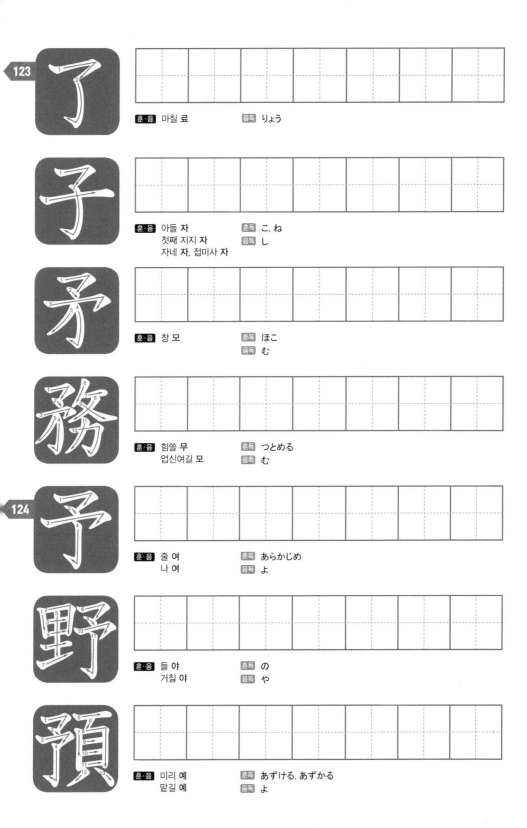

了

훈·음 마칠 료 　　음독 りょう

子

훈·음 아들 자 　　훈독 こ, ね
첫째 지지 자 　　음독 し
자네 자, 접미사 자

矛

훈·음 창 모 　　훈독 ほこ
　　音독 む

務

훈·음 힘쓸 무 　　훈독 つとめる
업신여길 모 　　음독 む

予

훈·음 줄 여 　　훈독 あらかじめ
나 여 　　음독 よ

野

훈·음 들 야 　　훈독 の
거칠 야 　　음독 や

預

훈·음 미리 예 　　훈독 あずける, あずかる
맡길 예 　　음독 よ

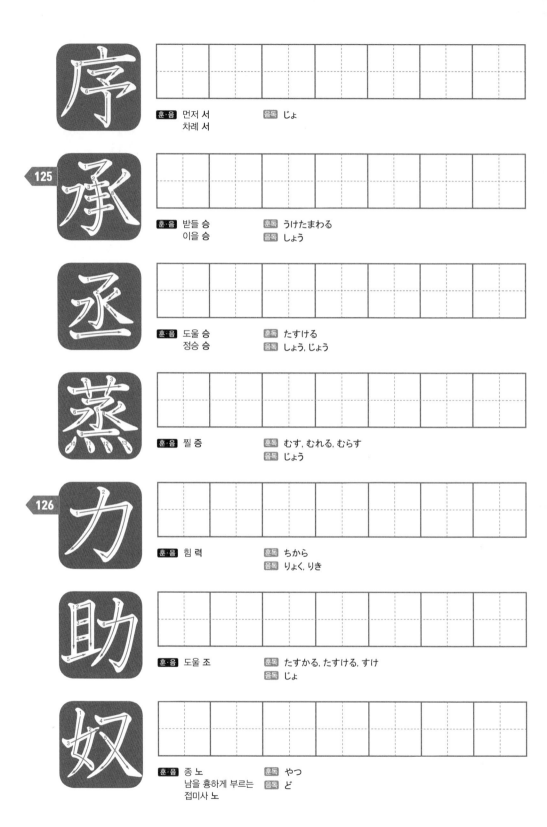

序
훈·음 먼저 서
차례 서
음독 じょ

承
훈·음 받들 승
이을 승
훈독 うけたまわる
음독 しょう

丞
훈·음 도울 승
정승 승
훈독 たすける
음독 しょう, じょう

蒸
훈·음 찔 증
훈독 むす, むれる, むらす
음독 じょう

力
훈·음 힘 력
훈독 ちから
음독 りょく, りき

助
훈·음 도울 조
훈독 たすかる, たすける, すけ
음독 じょ

奴
훈·음 종 노
남을 흉하게 부르는
접미사 노
훈독 やつ
음독 ど

훈·음 힘쓸 노　　훈독 つとめる
　　　　　　　　　音독 ど

127

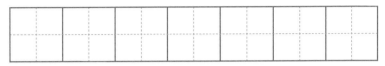

훈·음 더할 가　　훈독 くわえる, くわわる
　　　　　　　　　音독 か

훈·음 축하할 하　　音독 が

훈·음 도울 협　　音독 きょう

128

훈·음 또한 야　　훈독 か, なり, また, や
　　　어조사 야　　音독 や

훈·음 땅 지　　音독 ち, じ
　　　처지 지

훈·음 연못 지　　훈독 いけ
　　　　　　　　　音독 ち

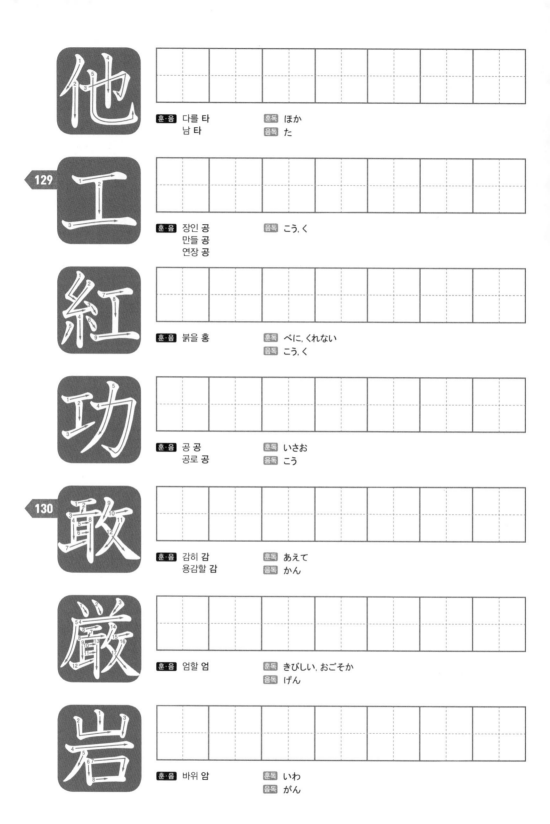

훈·음 다를 타
　　　남 타
훈독 ほか
음독 た

129

훈·음 장인 공
　　　만들 공
　　　연장 공
음독 こう, く

훈·음 붉을 홍
훈독 べに, くれない
음독 こう, く

훈·음 공 공
　　　공로 공
훈독 いさお
음독 こう

130

훈·음 감히 감
　　　용감할 감
훈독 あえて
음독 かん

훈·음 엄할 엄
훈독 きびしい, おごそか
음독 げん

훈·음 바위 암
훈독 いわ
음독 がん

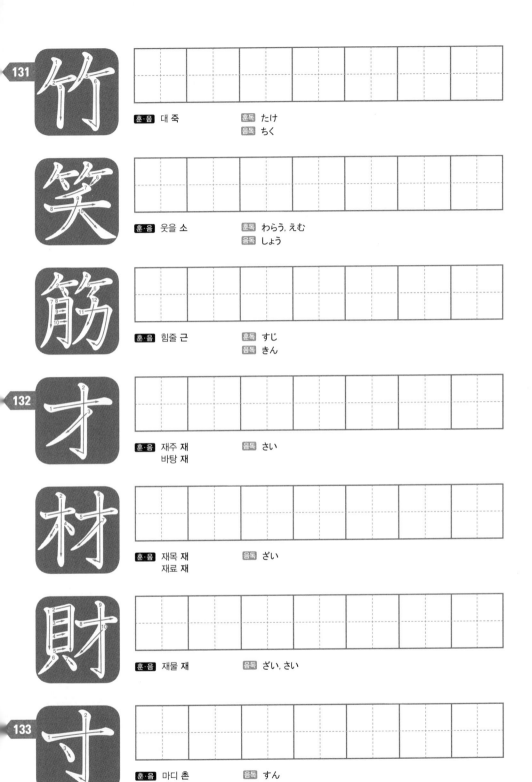

131 竹

훈·음 대 죽　　훈독 たけ
　　　　　　　음독 ちく

笑

훈·음 웃을 소　　훈독 わらう, えむ
　　　　　　　음독 しょう

筋

훈·음 힘줄 근　　훈독 すじ
　　　　　　　음독 きん

132 才

훈·음 재주 재　　음독 さい
　　　바탕 재

材

훈·음 재목 재　　음독 ざい
　　　재료 재

財

훈·음 재물 재　　음독 ざい, さい

133 寸

훈·음 마디 촌　　음독 すん
　　　법도 촌

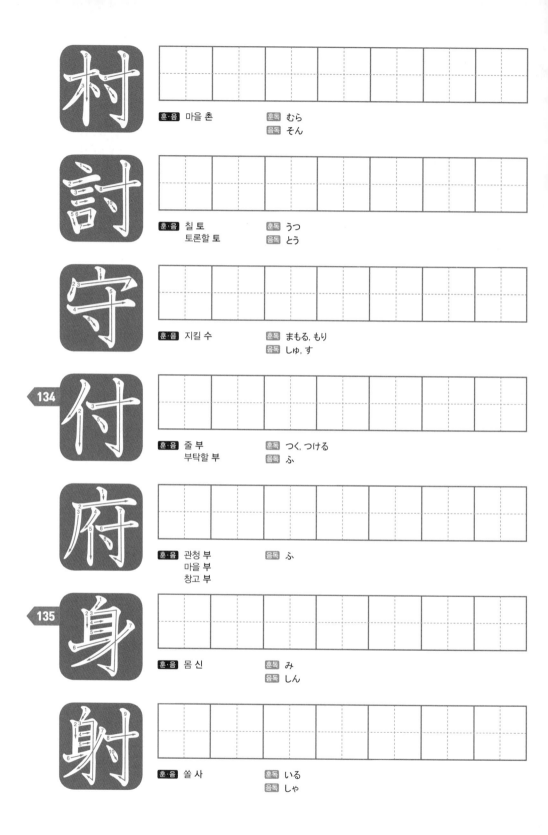

村 훈·음 마을 촌　　훈독 むら
　　　　　　　　　　음독 そん

討 훈·음 칠 토　　　훈독 うつ
　　　　토론할 토　　음독 とう

守 훈·음 지킬 수　　훈독 まもる, もり
　　　　　　　　　　음독 しゅ, す

付 훈·음 줄 부　　　훈독 つく, つける
　　　　부탁할 부　　음독 ふ

府 훈·음 관청 부　　음독 ふ
　　　　마을 부
　　　　창고 부

身 훈·음 몸 신　　　훈독 み
　　　　　　　　　　음독 しん

射 훈·음 쏠 사　　　훈독 いる
　　　　　　　　　　음독 しゃ

136

137

훈·음 사례할 사 　훈독 あやまる
사절할 사 　음독 しゃ
빌 사

훈·음 절 사 　훈독 てら
관청 시 　음독 じ

훈·음 시 시 　음독 し

훈·음 때 시 　훈독 とき
　음독 じ

훈·음 가질 지 　훈독 もつ, もてる
　음독 じ

훈·음 대접할 대 　훈독 まつ
기다릴 대 　음독 たい

훈·음 특별할 특 　음독 とく

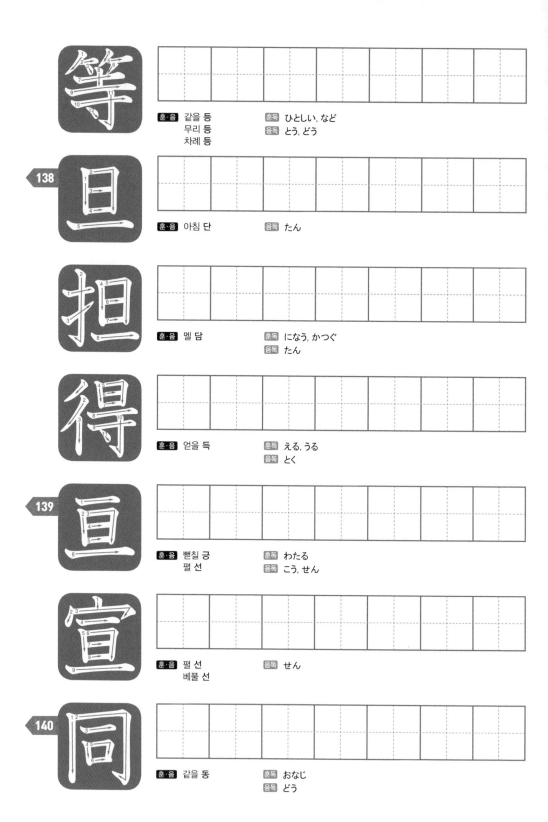

等

훈·음 같을 등　무리 등　차례 등　　훈독 ひとしい, など　음독 とう, どう

旦

훈·음 아침 단　　음독 たん

担

훈·음 멜 담　　훈독 になう, かつぐ　음독 たん

得

훈·음 얻을 득　　훈독 える, うる　음독 とく

亘

훈·음 뻗칠 긍　펼 선　　훈독 わたる　음독 こう, せん

宣

훈·음 펼 선　베풀 선　　음독 せん

同

훈·음 같을 동　　훈독 おなじ　음독 どう

訓·음 구리 동　　훈독 あかがね
　　　　　　　음독 どう

훈·음 안 내　　　훈독 うち
　　　　　　　음독 ない, だい

훈·음 들일 납　　훈독 おさめる, おさまる
　　　바칠 납　　음독 のう, とう, な, なん

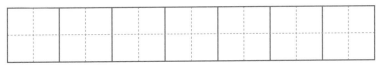

훈·음 고기 육　　음독 にく
　　　육 달 월

훈·음 두 량　　　음독 りょう
　　　짝 량

훈·음 찰 만　　　훈독 みたす, みちる
　　　　　　　음독 まん

훈·음 가운데 앙　음독 おう

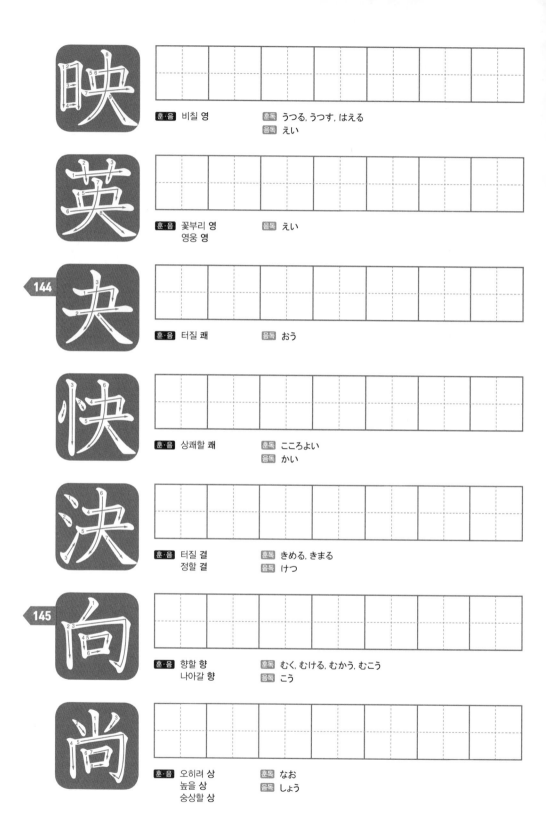

映 훈·음 비칠 영　훈독 うつる, うつす, はえる　음독 えい

英 훈·음 꽃부리 영／영웅 영　음독 えい

夬 144 훈·음 터질 쾌　음독 おう

快 훈·음 상쾌할 쾌　훈독 こころよい　음독 かい

決 훈·음 터질 결／정할 결　훈독 きめる, きまる　음독 けつ

向 145 훈·음 향할 향／나아갈 향　훈독 むく, むける, むかう, むこう　음독 こう

尚 훈·음 오히려 상／높을 상／숭상할 상　훈독 なお　음독 しょう

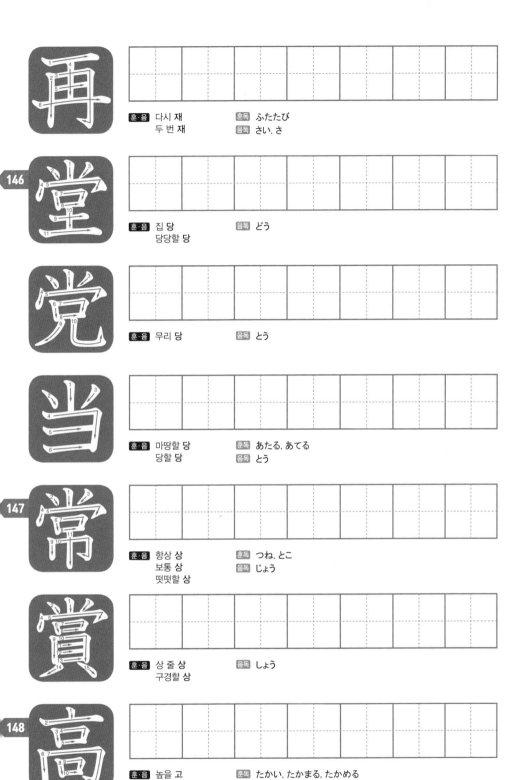

再 　훈·음 다시 재 / 두 번 재 　훈독 ふたたび 　음독 さい, さ

堂 　146 　훈·음 집 당 / 당당할 당 　음독 どう

党 　훈·음 무리 당 　음독 とう

当 　훈·음 마땅할 당 / 당할 당 　훈독 あたる, あてる 　음독 とう

常 　147 　훈·음 항상 상 / 보통 상 / 떳떳할 상 　훈독 つね, とこ 　음독 じょう

賞 　훈·음 상 줄 상 / 구경할 상 　음독 しょう

高 　148 　훈·음 높을 고 　훈독 たかい, たかまる, たかめる 　음독 こう

亭 [훈·음] 정자 정　[음독] てい

停 [훈·음] 머무를 정　[음독] てい

149 享 [훈·음] 누릴 향　[음독] きょう

孰 [훈·음] 누구 숙　[훈독] いずれ

熟 [훈·음] 익을 숙　익숙할 숙　[훈독] うれる　[음독] じゅく

150 京 [훈·음] 서울 경　[음독] きょう

就 [훈·음] 나아갈 취　이룰 취　[훈독] つく, つける　[음독] しゅう

64

훈·음 볕 경　　음독 けい
경치 경
클 경

훈·음 높을 교　　음독 きょう

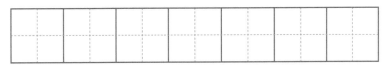

훈·음 다리 교　　훈독 はし
　　　　　　　　音독 きょう

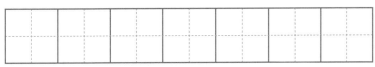

훈·음 지날 과　　훈독 すぎる, すごす, あやまつ
지나칠 과　　음독 か
허물 과

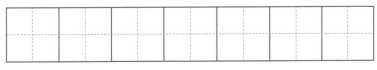

훈·음 밑동 적　　음독 きょう
뿌리 적

훈·음 알맞을 적　　음독 てき
갈 적

훈·음 원수 적　　훈독 かたき
　　　　　　　　音독 てき

65

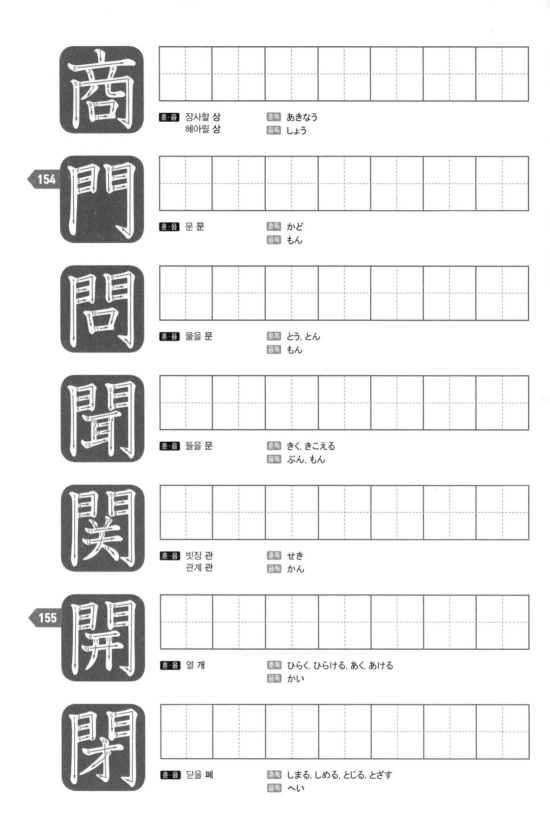

훈·음 장사할 상
헤아릴 상
훈독 あきなう
음독 しょう

훈·음 문 문
훈독 かど
음독 もん

훈·음 물을 문
훈독 とう, とん
음독 もん

훈·음 들을 문
훈독 きく, きこえる
음독 ぶん, もん

훈·음 빗장 관
관계 관
훈독 せき
음독 かん

훈·음 열 개
훈독 ひらく, ひらける, あく, あける
음독 かい

훈·음 닫을 폐
훈독 しまる, しめる, とじる, とざす
음독 へい

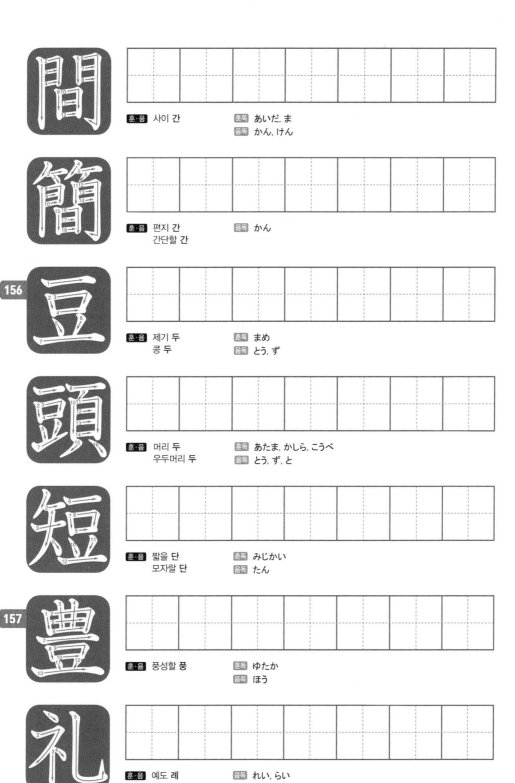

間 훈·음 사이 간　훈독 あいだ, ま　음독 かん, けん

簡 훈·음 편지 간 / 간단할 간　음독 かん

156

豆 훈·음 제기 두 / 콩 두　훈독 まめ　음독 とう, ず

頭 훈·음 머리 두 / 우두머리 두　훈독 あたま, かしら, こうべ　음독 とう, ず, と

短 훈·음 짧을 단 / 모자랄 단　훈독 みじかい　음독 たん

157

豊 훈·음 풍성할 풍　훈독 ゆたか　음독 ほう

礼 훈·음 예도 례　음독 れい, らい

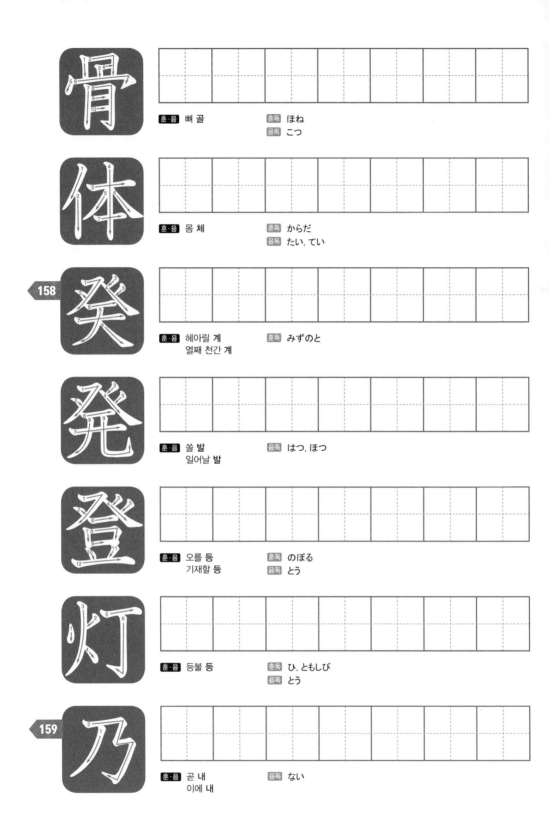

骨　훈·음 뼈 골　훈독 ほね　음독 こつ

体　훈·음 몸 체　훈독 からだ　음독 たい, てい

158　癸　훈·음 헤아릴 계 열째 천간 계　훈독 みずのと

発　훈·음 쏠 발 일어날 발　음독 はつ, ほつ

登　훈·음 오를 등 기재할 등　훈독 のぼる　음독 とう

灯　훈·음 등불 등　훈독 ひ, ともしび　음독 とう

159　乃　훈·음 곧 내 이에 내　음독 ない

及 훈·음 이를 급 　훈독 およぶ, およぼす
　　미칠 급 　음독 きゅう

級 훈·음 등급 급 　음독 きゅう

吸 훈·음 숨 들이쉴 흡 　훈독 すう
　　마실 흡 　음독 きゅう

長 훈·음 길 장 　훈독 ながい
　　어른 장 　음독 ちょう

張 훈·음 벌릴 장 　훈독 はる
　　베풀 장 　음독 ちょう

帳 훈·음 장막 장 　훈독 とばり
　　장부 장 　음독 ちょう

老 훈·음 늙을 로 　훈독 おいる, ふける
　　　　　　　　음독 ろう

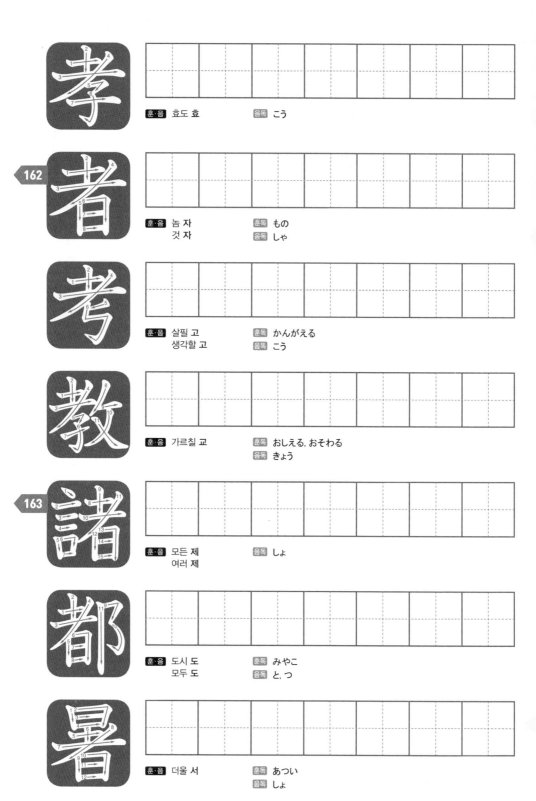

孝
훈·음 효도 효　　음독 こう

者
훈·음 놈 자　　훈독 もの
　　　 것 자　　음독 しゃ

考
훈·음 살필 고　　훈독 かんがえる
　　　 생각할 고　音독 こう

教
훈·음 가르칠 교　　훈독 おしえる, おそわる
　　　　　　　　　　音독 きょう

諸
훈·음 모든 제　　음독 しょ
　　　 여러 제

都
훈·음 도시 도　　훈독 みやこ
　　　 모두 도　　音독 と, つ

暑
훈·음 더울 서　　훈독 あつい
　　　　　　　　　音독 しょ

훈·음 글 지을 저, 드러날 저　훈독 いちじるしい, あらわす
붙을 착, 입을 착　음독 ちょ

훈·음 임금 왕　음독 おう
으뜸 왕
구슬 옥 변

훈·음 주인 주　훈독 ぬし, おも, あるじ
音독 しゅ

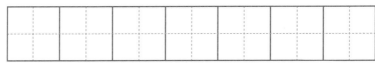

훈·음 구슬 옥　훈독 たま
음독 ぎょく

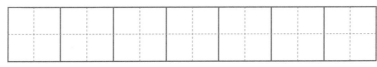

훈·음 보배 보　훈독 たから
음독 ほう

훈·음 나눌 반　음독 はん
반 반

훈·음 온전할 전　훈독 まったく
음독 ぜん

166

呈

훈·음 보일 정　　음독 てい
　　　드릴 정

程

훈·음 법 정　　훈독 ほど
　　　정도 정　　음독 てい

聖

훈·음 성스러울 성　　음독 せい
　　　성인 성

167

壬

훈·음 간사할 임　　훈독 みずのえ
　　　짊어질 임　　음독 じん
　　　아홉째 천간 임

任

훈·음 맡을 임　　훈독 まかせる, まかす
　　　　　　　　음독 にん

賃

훈·음 품삯 임　　음독 ちん
　　　빌릴 임

168

注

훈·음 물 댈 주　　훈독 そそぐ, つぐ
　　　쏟을 주　　음독 ちゅう

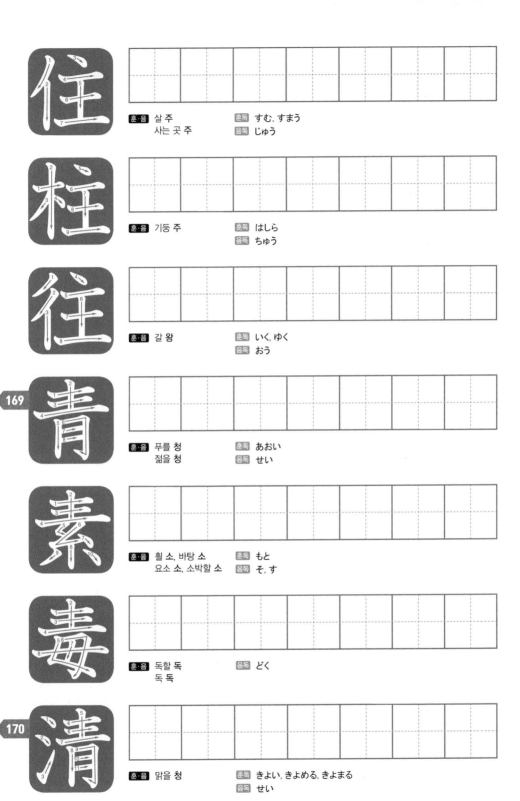

住 훈·음 살 주 / 사는 곳 주　　훈독 すむ, すまう　　음독 じゅう

柱 훈·음 기둥 주　　훈독 はしら　　음독 ちゅう

往 훈·음 갈 왕　　훈독 いく, ゆく　　음독 おう

青 훈·음 푸를 청 / 젊을 청　　훈독 あおい　　음독 せい

素 훈·음 흴 소, 바탕 소 / 요소 소, 소박할 소　　훈독 もと　　음독 そ, す

毒 훈·음 독할 독 / 독 독　　음독 どく

清 훈·음 맑을 청　　훈독 きよい, きよめる, きよまる　　음독 せい

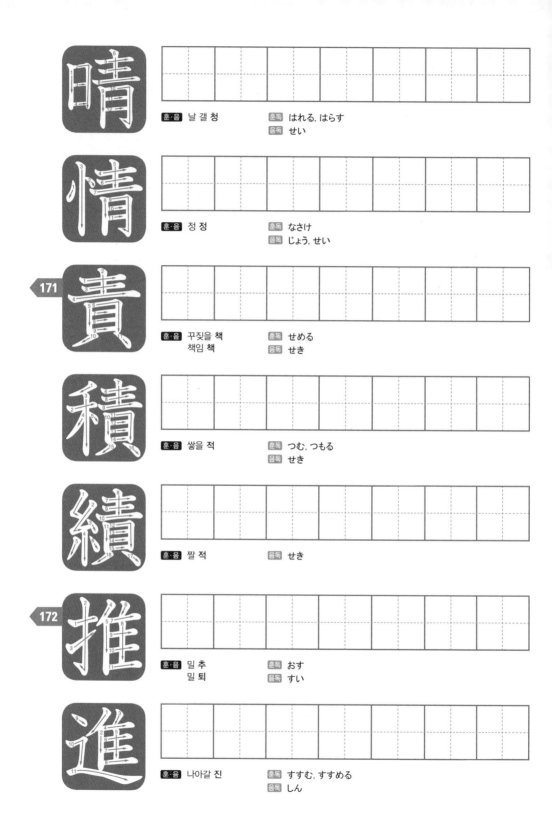

晴 　訓·음 날 갤 청　　　訓讀 はれる, はらす
　　　　　　　　　　　音讀 せい

情 　訓·음 정 정　　　　訓讀 なさけ
　　　　　　　　　　　音讀 じょう, せい

171 責 　訓·음 꾸짖을 책　　　訓讀 せめる
　　　　책임 책　　　　音讀 せき

積 　訓·음 쌓을 적　　　　訓讀 つむ, つもる
　　　　　　　　　　　音讀 せき

績 　訓·음 짤 적　　　　　音讀 せき

172 推 　訓·음 밀 추　　　　　訓讀 おす
　　　　밀 퇴　　　　　音讀 すい

進 　訓·음 나아갈 진　　　訓讀 すすむ, すすめる
　　　　　　　　　　　音讀 しん

173 準

훈·음 평평할 준　　음독 じゅん
법도 준
준할 준

雑

훈·음 섞일 잡　　음독 ざつ, ぞう

集

훈·음 모일 집　　훈독 あつまる, あつめる, つどう
책 집　　　　음독 しゅう

174 羽

훈·음 날개 우　　훈독 は, はね
깃 우　　　　음독 う

習

훈·음 익힐 습　　훈독 ならう
　　　　　　　음독 しゅう

翌

훈·음 다음날 익　　음독 よく

曜

훈·음 요일 요　　음독 よう

鳥

훈·음 새 조 　　　훈독 とり
　　　　　　　　　음독 ちょう

鳴

훈·음 울 명 　　　훈독 なく, なる, ならす
　　　　　　　　　음독 めい

島

훈·음 섬 도 　　　훈독 しま
　　　　　　　　　음독 とう

雁

훈·음 기러기 안 　　훈독 かり
　　　　　　　　　음독 がん

応

훈·음 응할 응 　　　훈독 こたえる
　　　　　　　　　음독 おう

奮

훈·음 떨칠 분 　　　훈독 ふるう
　　　 힘쓸 분 　　　음독 ふん

確

훈·음 확실할 확 　　훈독 たしかめる
　　　　　　　　　음독 かく

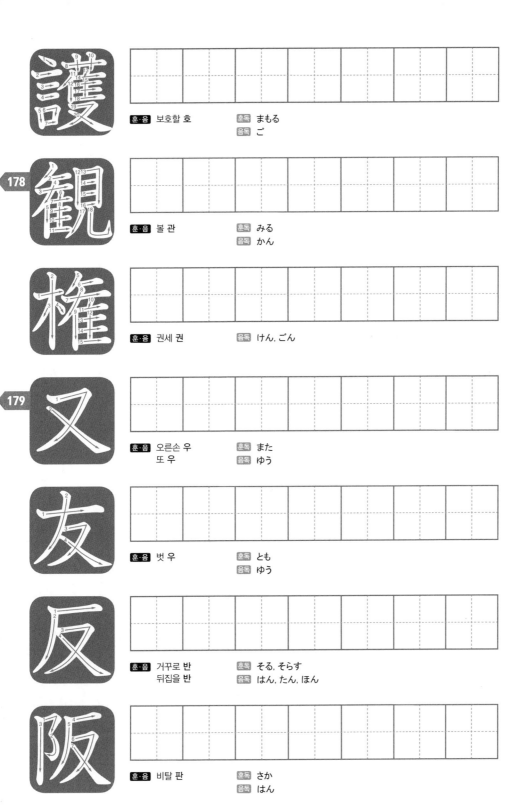

護 훈·음 보호할 호 　훈독 まもる 　음독 ご

観 훈·음 볼 관 　훈독 みる 　음독 かん

権 훈·음 권세 권 　음독 けん, ごん

又 훈·음 오른손 우 / 또 우 　훈독 また 　음독 ゆう

友 훈·음 벗 우 　훈독 とも 　음독 ゆう

反 훈·음 거꾸로 반 / 뒤집을 반 　훈독 そる, そらす 　음독 はん, たん, ほん

阪 훈·음 비탈 판 　훈독 さか 　음독 はん

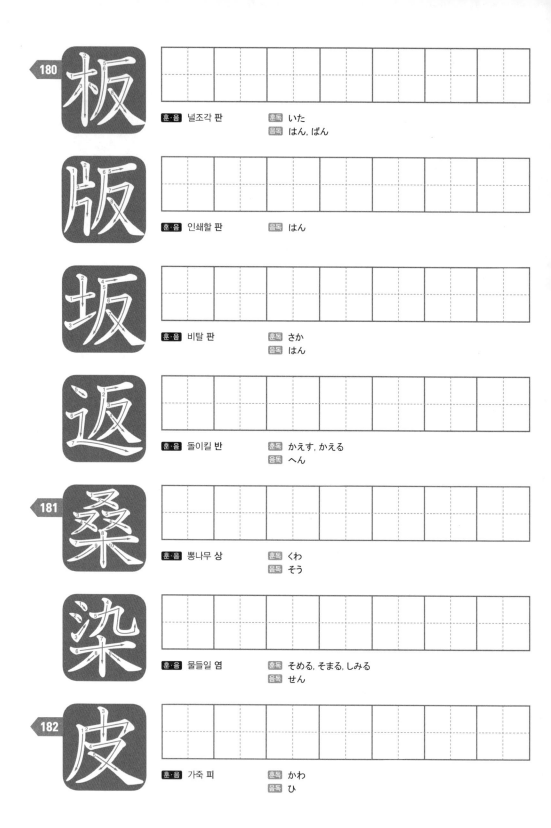

180 板

훈·음 널조각 판 　　훈독 いた
　　　　　　　　　　음독 はん, ばん

版

훈·음 인쇄할 판 　　음독 はん

坂

훈·음 비탈 판 　　　훈독 さか
　　　　　　　　　　음독 はん

返

훈·음 돌이킬 반 　　훈독 かえす, かえる
　　　　　　　　　　음독 へん

181 桑

훈·음 뽕나무 상 　　훈독 くわ
　　　　　　　　　　음독 そう

染

훈·음 물들일 염 　　훈독 そめる, そまる, しみる
　　　　　　　　　　음독 せん

182 皮

훈·음 가죽 피 　　　훈독 かわ
　　　　　　　　　　음독 ひ

훈·음 물결 파　　　훈독 なみ
　　　　　　　　　　음독 は

183

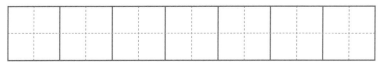

훈·음 가벼울 경　　　훈독 かるい, かろやか
　　　　　　　　　　音독 けい

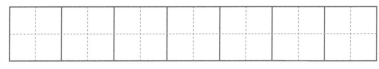

훈·음 지날 경　　　훈독 へる
　　　날실 경　　　음독 けい, きょう
　　　경서 경

훈·음 지름길 경　　　음독 けい
　　　길 경

184

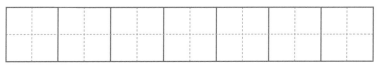

훈·음 돌 석　　　훈독 いし
　　　　　　　　음독 こく, せき, しゃく

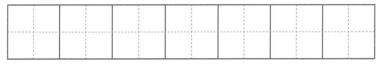

훈·음 갈 연　　　훈독 とぐ
　　　연구할 연　　　음독 けん

훈·음 깨질 파　　　훈독 やぶる, やぶれる
　　　다할 파　　　음독 は

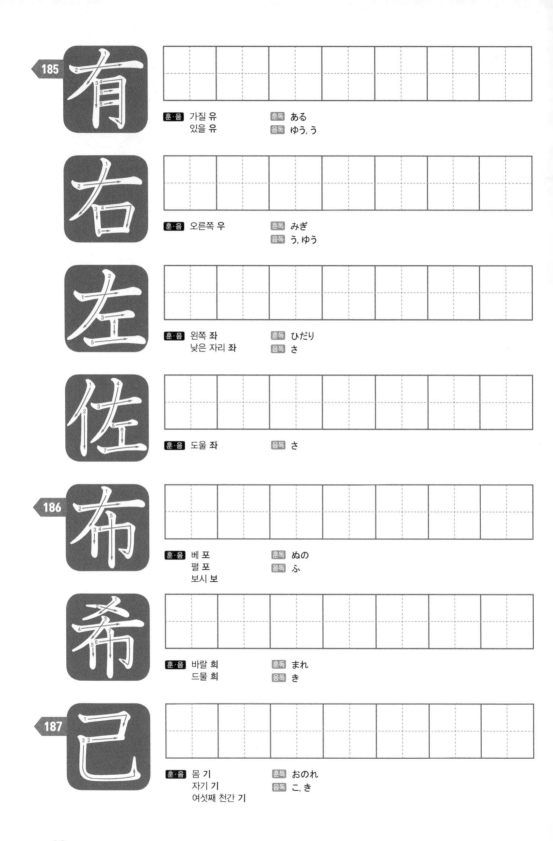

185 有

훈·음 가질 유
　　 있을 유
훈독 ある
음독 ゆう, う

右

훈·음 오른쪽 우
훈독 みぎ
음독 う, ゆう

左

훈·음 왼쪽 좌
　　 낮은 자리 좌
훈독 ひだり
음독 さ

佐

훈·음 도울 좌
음독 さ

186 布

훈·음 베 포
　　 펼 포
　　 보시 보
훈독 ぬの
음독 ふ

希

훈·음 바랄 희
　　 드물 희
훈독 まれ
음독 き

187 己

훈·음 몸 기
　　 자기 기
　　 여섯째 천간 기
훈독 おのれ
음독 こ, き

훈·음 기록할 기
　　　기억할 기
훈독 しるす
음독 き

훈·음 벼리 기, 질서 기
　　　해 기, 기록할 기
음독 き

훈·음 고칠 개
훈독 あらためる, あらたまる
음독 かい

188

훈·음 달릴 주
　　　도망갈 주
훈독 はしる
음독 そう

훈·음 한갓 도
　　　걸을 도
　　　무리 도
음독 と

훈·음 일어날 기
　　　시작할 기
훈독 おきる, おこる, おこす
음독 き

189

훈·음 범할 범
훈독 おかす
음독 はん

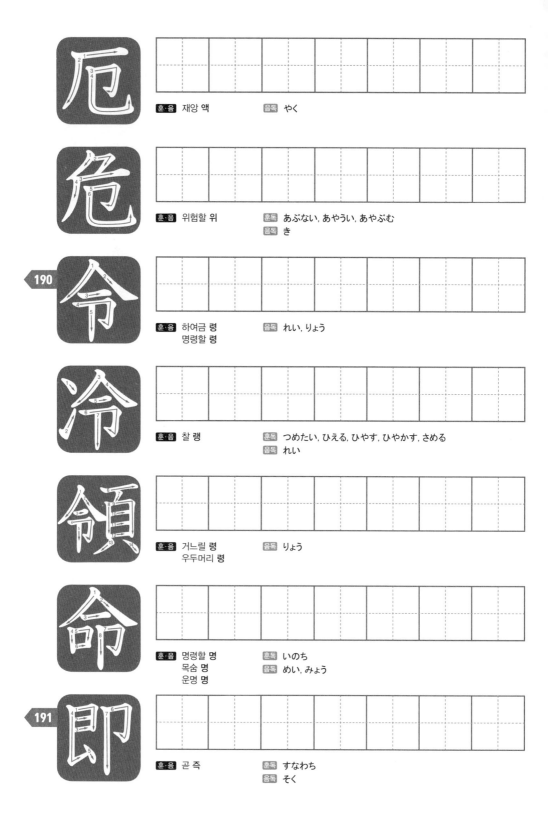

厄　훈·음 재앙 액　　음독 やく

危　훈·음 위험할 위　　훈독 あぶない, あやうい, あやぶむ
　　　　　　　　　　　음독 き

令　훈·음 하여금 령　　음독 れい, りょう
　　　명령할 령

冷　훈·음 찰 랭　　훈독 つめたい, ひえる, ひやす, ひやかす, さめる
　　　　　　　　음독 れい

領　훈·음 거느릴 령　　음독 りょう
　　　우두머리 령

命　훈·음 명령할 명　　훈독 いのち
　　　목숨 명　　　　음독 めい, みょう
　　　운명 명

即　훈·음 곧 즉　　훈독 すなわち
　　　　　　　　음독 そく

190
191

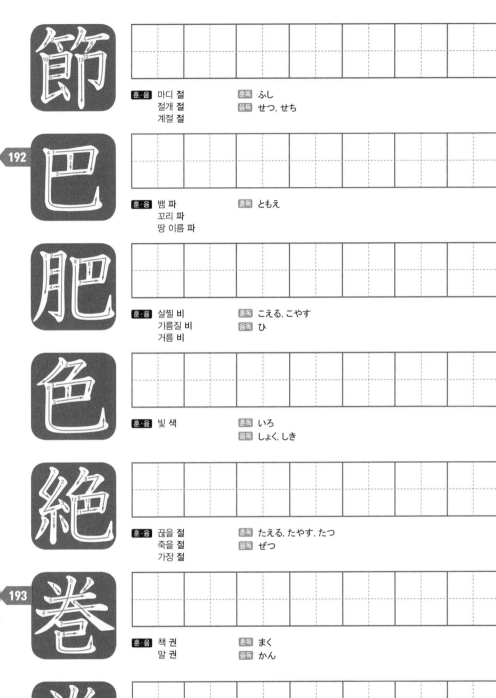

節

192

巴

훈·음 마디 절
절개 절
계절 절

훈독 ふし
음독 せつ, せち

훈·음 뱀 파
꼬리 파
땅 이름 파

훈독 ともえ

肥

훈·음 살찔 비
기름질 비
거름 비

훈독 こえる, こやす
음독 ひ

色

훈·음 빛 색

훈독 いろ
음독 しょく, しき

絶

훈·음 끊을 절
죽을 절
가장 절

훈독 たえる, たやす, たつ
음독 ぜつ

193

巻

훈·음 책 권
말 권

훈독 まく
음독 かん

券

훈·음 문서 권

음독 けん

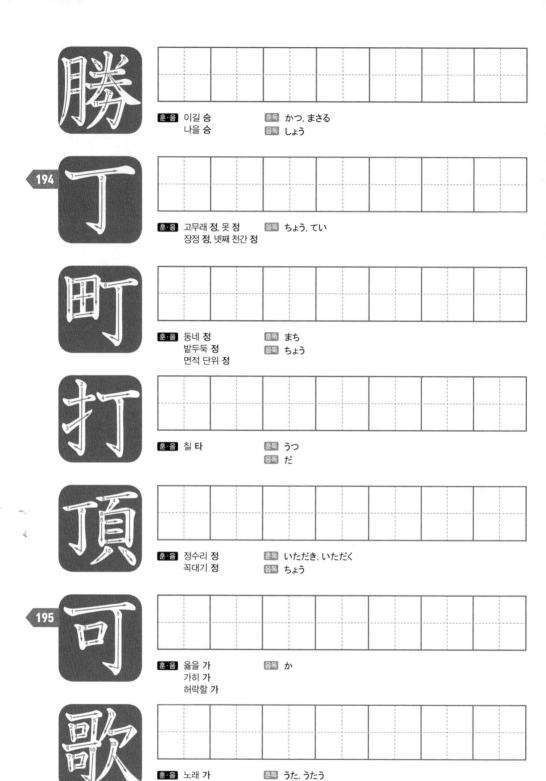

勝
훈·음 이길 승
나을 승
훈독 かつ, まさる
음독 しょう

194 丁
훈·음 고무래 정, 못 정
장정 정, 넷째 천간 정
음독 ちょう, てい

町
훈·음 동네 정
밭두둑 정
면적 단위 정
훈독 まち
음독 ちょう

打
훈·음 칠 타
훈독 うつ
음독 だ

頂
훈·음 정수리 정
꼭대기 정
훈독 いただき, いただく
음독 ちょう

195 可
훈·음 옳을 가
가히 가
허락할 가
음독 か

歌
훈·음 노래 가
훈독 うた, うたう
음독 か

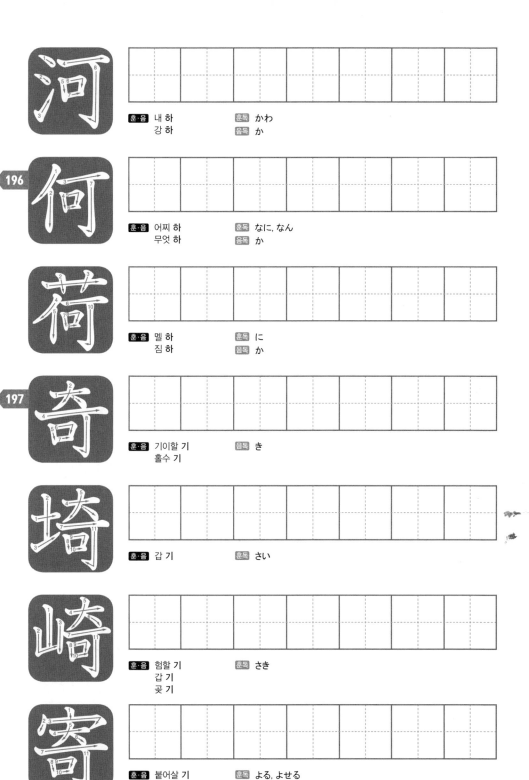

河

훈·음 내 하
강 하

훈독 かわ
음독 か

何

훈·음 어찌 하
무엇 하

훈독 なに, なん
음독 か

荷

훈·음 멜 하
짐 하

훈독 に
음독 か

奇

훈·음 기이할 기
홀수 기

음독 き

埼

훈·음 갑 기

훈독 さい

崎

훈·음 험할 기
갑 기
곶 기

훈독 さき

寄

훈·음 붙어살 기
부칠 기

훈독 よる, よせる
음독 き

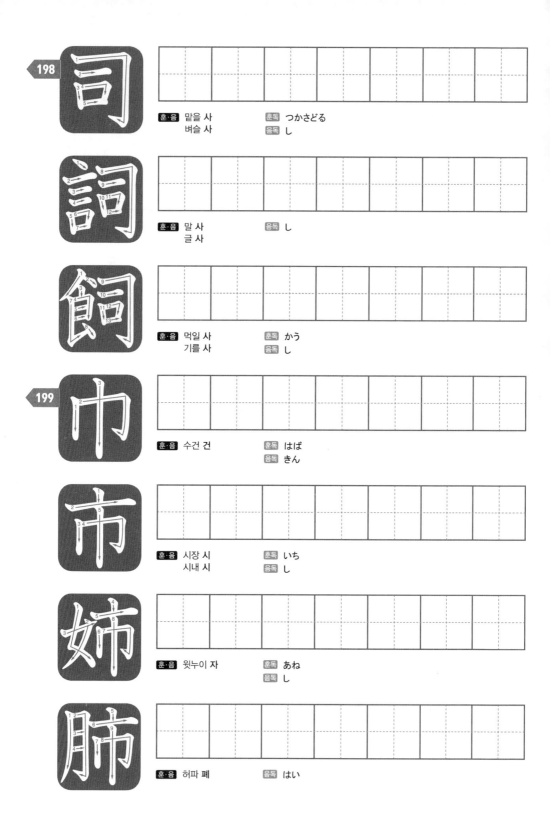

198

| | | | | | | | |

訓·음 맡을 사 　 훈독 つかさどる
　　벼슬 사 　 음독 し

| | | | | | | | |

훈·음 말 사 　 음독 し
　　글 사

| | | | | | | | |

훈·음 먹일 사 　 훈독 かう
　　기를 사 　 음독 し

199

| | | | | | | | |

훈·음 수건 건 　 훈독 はば
　　　　　　 음독 きん

| | | | | | | | |

훈·음 시장 시 　 훈독 いち
　　시내 시 　 음독 し

| | | | | | | | |

훈·음 윗누이 자 　 훈독 あね
　　　　　　 음독 し

| | | | | | | | |

훈·음 허파 폐 　 음독 はい

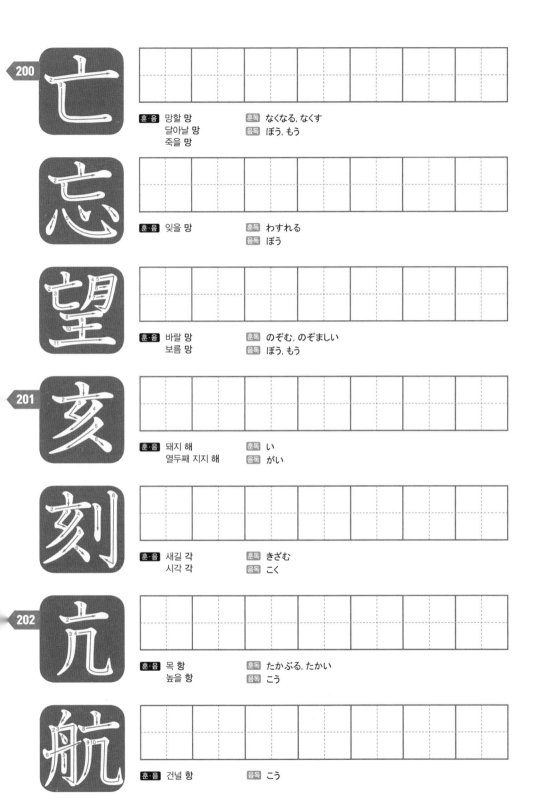

200 亡

훈·음 망할 망
달아날 망
죽을 망

훈독 なくなる, なくす
음독 ぼう, もう

忘

훈·음 잊을 망

훈독 わすれる
음독 ぼう

望

훈·음 바랄 망
보름 망

훈독 のぞむ, のぞましい
음독 ぼう, もう

201 亥

훈·음 돼지 해
열두째 지지 해

훈독 い
음독 がい

刻

훈·음 새길 각
시각 각

훈독 きざむ
음독 こく

202 亢

훈·음 목 항
높을 항

훈독 たかぶる, たかい
음독 こう

航

훈·음 건널 항

음독 こう

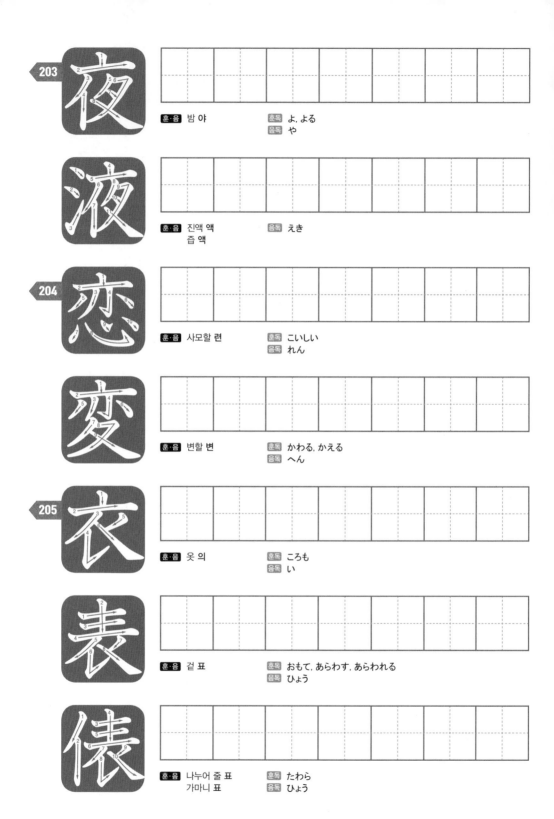

203 夜

훈·음 밤 야 음독 よ, よる
음독 や

液

훈·음 진액 액 음독 えき
즙 액

204 恋

훈·음 사모할 련 훈독 こいしい
음독 れん

変

훈·음 변할 변 훈독 かわる, かえる
음독 へん

205 衣

훈·음 옷 의 훈독 ころも
음독 い

表

훈·음 겉 표 훈독 おもて, あらわす, あらわれる
음독 ひょう

俵

훈·음 나누어 줄 표 훈독 たわら
가마니 표 음독 ひょう

206

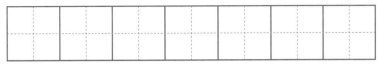

훈·음 옷 챙길 원　　음독 えん, おん

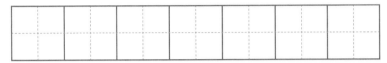

훈·음 멀 원　　훈독 とおい
　　　　　　　음독 えん, おん

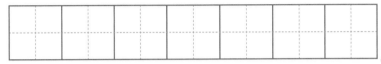

훈·음 동산 원　　훈독 その
밭 원　　　음독 えん

207

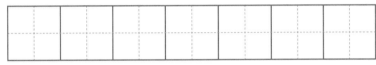

훈·음 제도 제　　음독 せい
억제할 제

훈·음 지을 제　　음독 せい
만들 제

208

훈·음 묻힐 둔　　훈독 たむろ
진 칠 둔　　음독 とん

훈·음 순수할 순　　음독 じゅん

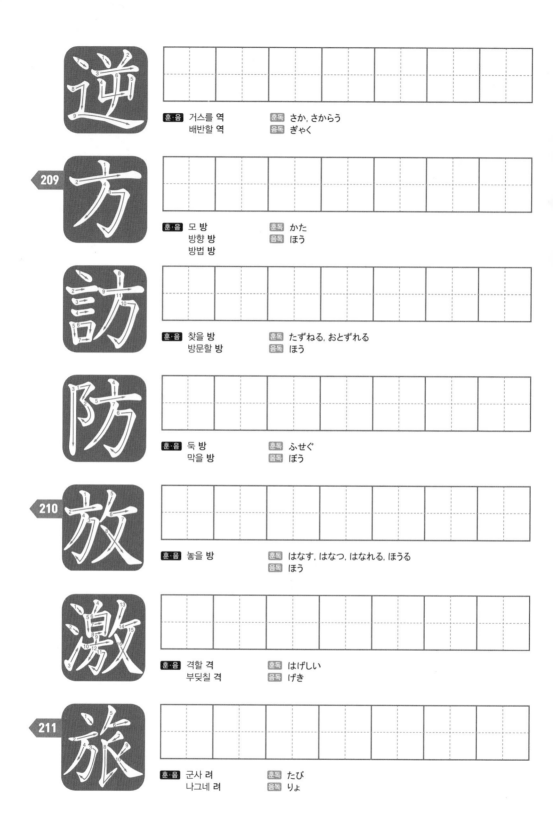

逆
훈·음 거스를 **역**
배반할 **역**
훈독 さか, さからう
음독 ぎゃく

방 209
方
훈·음 모 **방**
방향 **방**
방법 **방**
훈독 かた
음독 ほう

訪
훈·음 찾을 **방**
방문할 **방**
훈독 たずねる, おとずれる
음독 ほう

防
훈·음 둑 **방**
막을 **방**
훈독 ふせぐ
음독 ぼう

210
放
훈·음 놓을 **방**
훈독 はなす, はなつ, はなれる, ほうる
음독 ほう

激
훈·음 격할 **격**
부딪칠 **격**
훈독 はげしい
음독 げき

211
旅
훈·음 군사 **려**
나그네 **려**
훈독 たび
음독 りょ

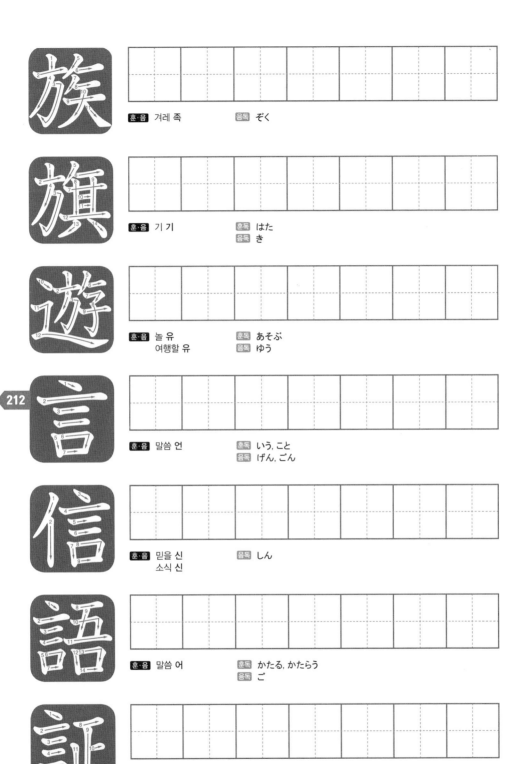

族 훈·음 겨레 족　　음독 ぞく

旗 훈·음 기 기　　훈독 はた　음독 き

遊 훈·음 놀 유　여행할 유　　훈독 あそぶ　음독 ゆう

言 훈·음 말씀 언　　훈독 いう, こと　음독 げん, ごん

信 훈·음 믿을 신　소식 신　　음독 しん

語 훈·음 말씀 어　　훈독 かたる, かたらう　음독 ご

証 훈·음 증명할 증　　훈독 あかし　음독 しょう

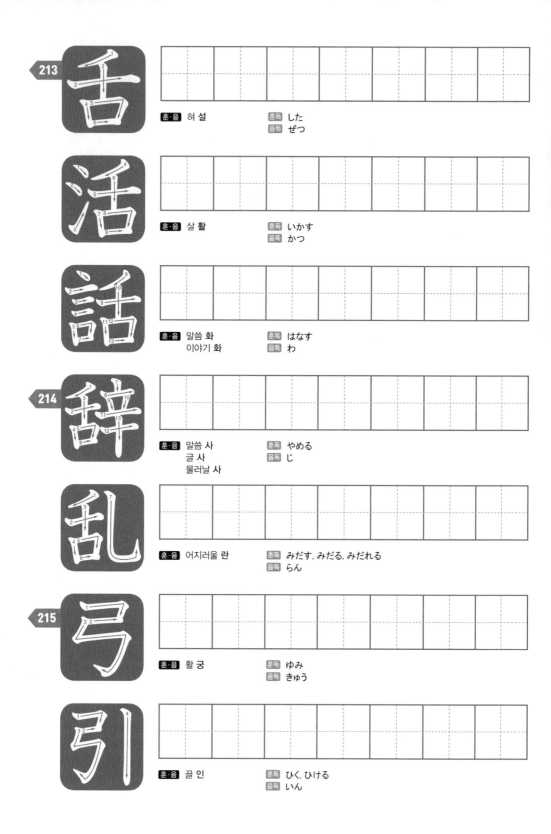

213 舌
훈·음 혀 설 　　훈독 した
　　　　　　　 음독 ぜつ

活
훈·음 살 활 　　훈독 いかす
　　　　　　 음독 かつ

話
훈·음 말씀 화 　　훈독 はなす
　　　 이야기 화 　音독 わ

214 辞
훈·음 말씀 사 　　훈독 やめる
　　　 글 사 　　　 음독 じ
　　　 물러날 사

乱
훈·음 어지러울 란 　　훈독 みだす, みだる, みだれる
　　　　　　　　　　 음독 らん

215 弓
훈·음 활 궁 　　훈독 ゆみ
　　　　　　 음독 きゅう

引
훈·음 끌 인 　　훈독 ひく, ひける
　　　　　　 음독 いん

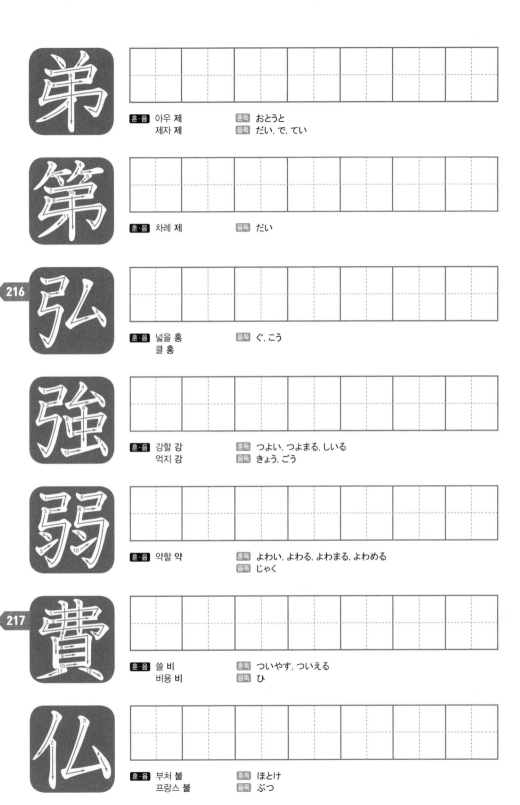

弟
훈·음 아우 제 　훈독 おとうと
　　　제자 제 　음독 だい, で, てい

第
훈·음 차례 제 　음독 だい

弘
훈·음 넓을 홍 　음독 ぐ, こう
　　　클 홍

強
훈·음 강할 강 　훈독 つよい, つよまる, しいる
　　　억지 강 　음독 きょう, ごう

弱
훈·음 약할 약 　훈독 よわい, よわる, よわまる, よわめる
　　　　　　　 음독 じゃく

費
훈·음 쓸 비 　훈독 ついやす, ついえる
　　　비용 비 　음독 ひ

仏
훈·음 부처 불 　훈독 ほとけ
　　　프랑스 불 　음독 ぶつ

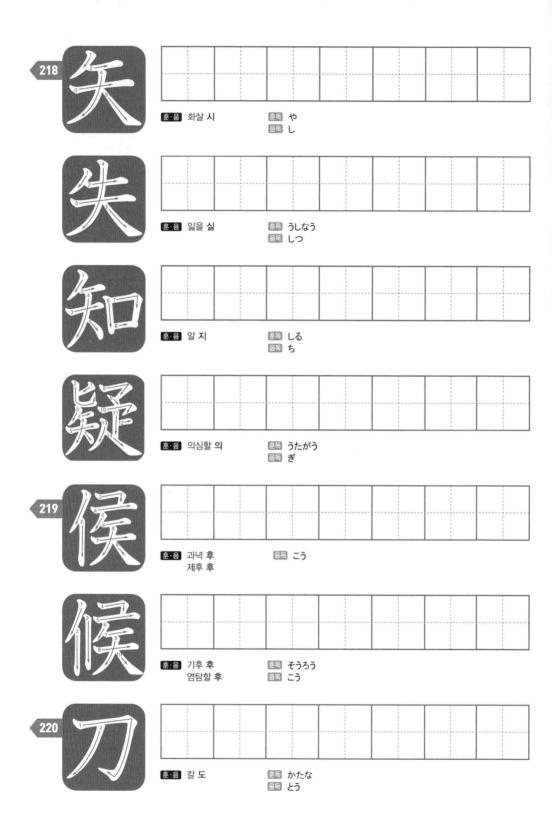

218 矢
훈·음 화살 시
훈독 や
음독 し

失
훈·음 잃을 실
훈독 うしなう
음독 しつ

知
훈·음 알 지
훈독 しる
음독 ち

疑
훈·음 의심할 의
훈독 うたがう
음독 ぎ

219 侯
훈·음 과녁 후
제후 후
음독 こう

候
훈·음 기후 후
염탐할 후
훈독 そうろう
음독 こう

220 刀
훈·음 칼 도
훈독 かたな
음독 とう

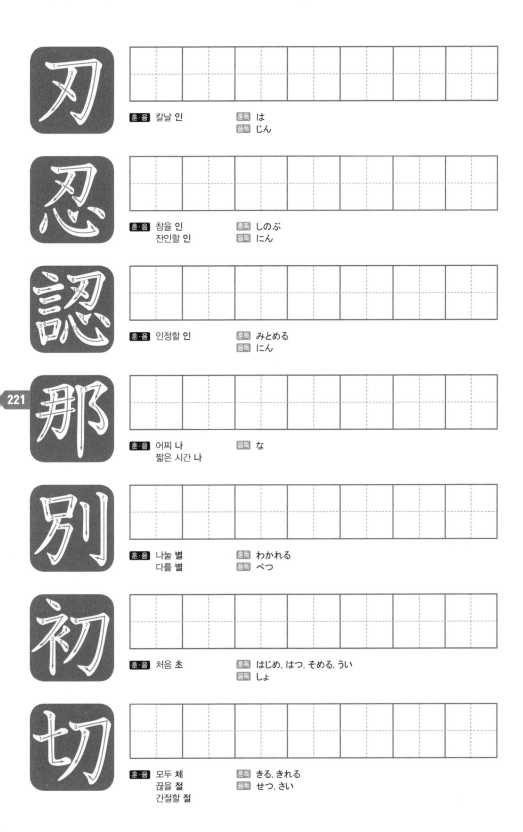

刃
훈·음 칼날 인　　훈독 は
　　　　　　　　음독 じん

忍
훈·음 참을 인　　훈독 しのぶ
　　　잔인할 인　음독 にん

認
훈·음 인정할 인　훈독 みとめる
　　　　　　　　음독 にん

那
훈·음 어찌 나　　음독 な
　　　짧은 시간 나

別
훈·음 나눌 별　　훈독 わかれる
　　　다를 별　　음독 べつ

初
훈·음 처음 초　　훈독 はじめ, はつ, そめる, うい
　　　　　　　　음독 しょ

切
훈·음 모두 체　　훈독 きる, きれる
　　　끊을 절　　음독 せつ, さい
　　　간절할 절

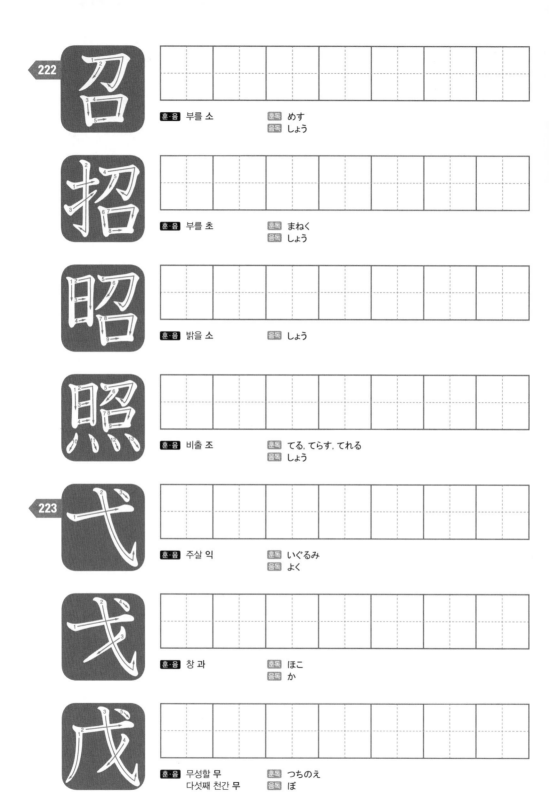

222 召

훈·음 부를 소　　훈독 めす
　　　　　　　　音독 しょう

招

훈·음 부를 초　　훈독 まねく
　　　　　　　　音독 しょう

昭

훈·음 밝을 소　　音독 しょう

照

훈·음 비출 조　　훈독 てる, てらす, てれる
　　　　　　　　音독 しょう

223 弋

훈·음 주살 익　　훈독 いぐるみ
　　　　　　　　音독 よく

戈

훈·음 창 과　　　훈독 ほこ
　　　　　　　　音독 か

戊

훈·음 무성할 무　훈독 つちのえ
　　　　다섯째 천간 무　音독 ぼ

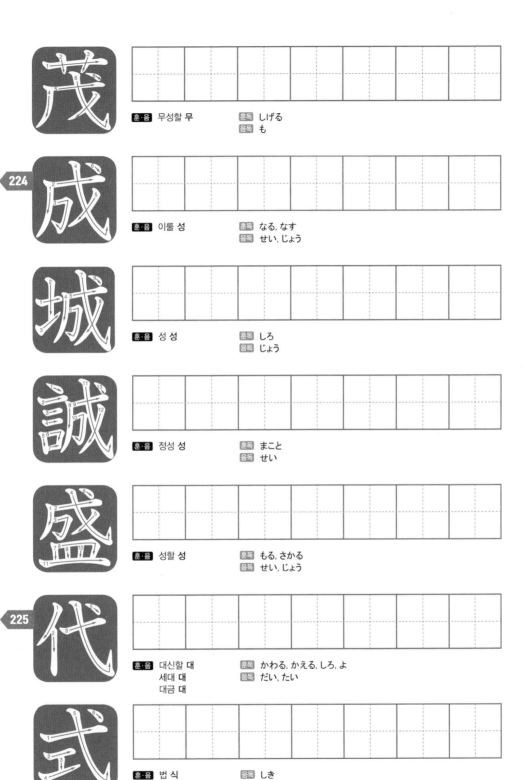

茂 훈·음 무성할 무　훈독 しげる
　　　　　　　　　音독 も

成 훈·음 이룰 성　훈독 なる, なす
　　　　　　　　　音독 せい, じょう

城 훈·음 성 성　훈독 しろ
　　　　　　　　　音독 じょう

誠 훈·음 정성 성　훈독 まこと
　　　　　　　　　音독 せい

盛 훈·음 성할 성　훈독 もる, さかる
　　　　　　　　　音독 せい, じょう

代 훈·음 대신할 대　훈독 かわる, かえる, しろ, よ
　　　세대 대　　　音독 だい, たい
　　　대금 대

式 훈·음 법 식　音독 しき
　　　의식 식

훈·음 시험할 시　　**훈독** ためす, こころみる
　　　　　　　　　　음독 し

226

훈·음 혹시 혹　　**훈독** ある

훈·음 구역 역　　**음독** いき

훈·음 나라 국　　**훈독** くに
　　　　　　　　　　음독 こく

227

훈·음 돈 전　　**훈독** ぜに
　　　　　　　　음독 せん

훈·음 잔인할 잔　　**훈독** のこる, のこす
　　　　해칠 잔　　　**음독** ざん
　　　　나머지 잔

훈·음 얕을 천　　**훈독** あさい, あさましい
　　　　　　　　　　음독 せん

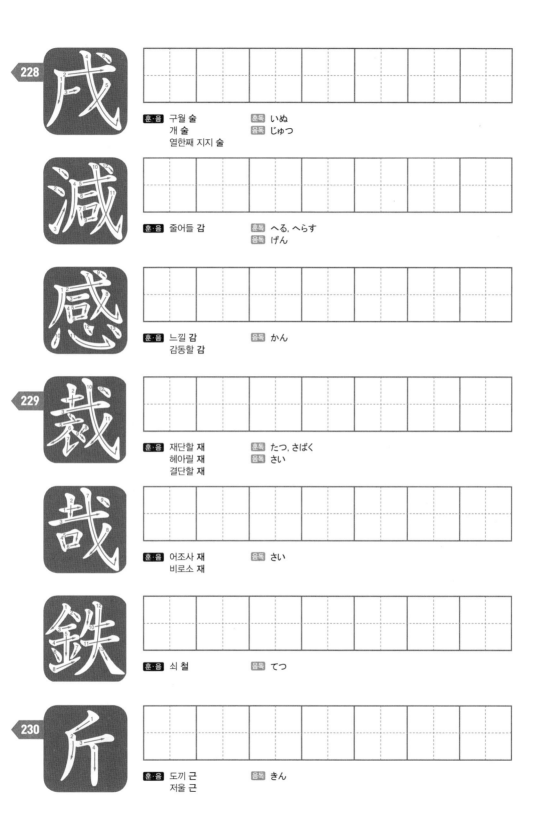

228 戌

훈·음 구월 술
개 술
열한째 지지 술

훈독 いぬ
음독 じゅつ

減

훈·음 줄어들 감

훈독 へる, へらす
음독 げん

感

훈·음 느낄 감
감동할 감

음독 かん

---

229 裁

훈·음 재단할 재
헤아릴 재
결단할 재

훈독 たつ, さばく
음독 さい

哉

훈·음 어조사 재
비로소 재

음독 さい

鉄

훈·음 쇠 철

음독 てつ

---

230 斤

훈·음 도끼 근
저울 근

음독 きん

折 훈·음 꺾을 절 　훈독 おる, おれる 　음독 せつ

近 훈·음 가까울 근 비슷할 근 　훈독 ちかい 　음독 きん

質 훈·음 바탕 질 　음독 しつ, しち, じち

231 丘 훈·음 언덕 구 　훈독 おか 　음독 きゅう

岳 훈·음 큰 산 악 　훈독 たけ 　음독 がく

兵 훈·음 군사 병 　음독 へい, ひょう

232 几 훈·음 안석 궤 책상 궤 　훈독 つくえ 　음독 き

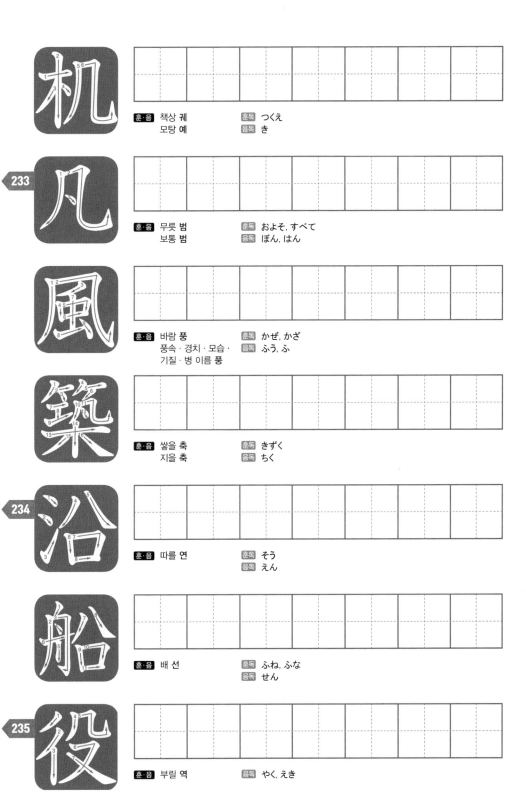

机
훈·음 책상 궤
모탕 예
훈독 つくえ
음독 き

233 凡
훈·음 무릇 범
보통 범
훈독 およそ, すべて
음독 ぼん, はん

風
훈·음 바람 풍
풍속 · 경치 · 모습 ·
기질 · 병 이름 풍
훈독 かぜ, かざ
음독 ふう, ふ

築
훈·음 쌓을 축
지을 축
훈독 きずく
음독 ちく

234 沿
훈·음 따를 연
훈독 そう
음독 えん

船
훈·음 배 선
훈독 ふね, ふな
음독 せん

235 役
훈·음 부릴 역
음독 やく, えき

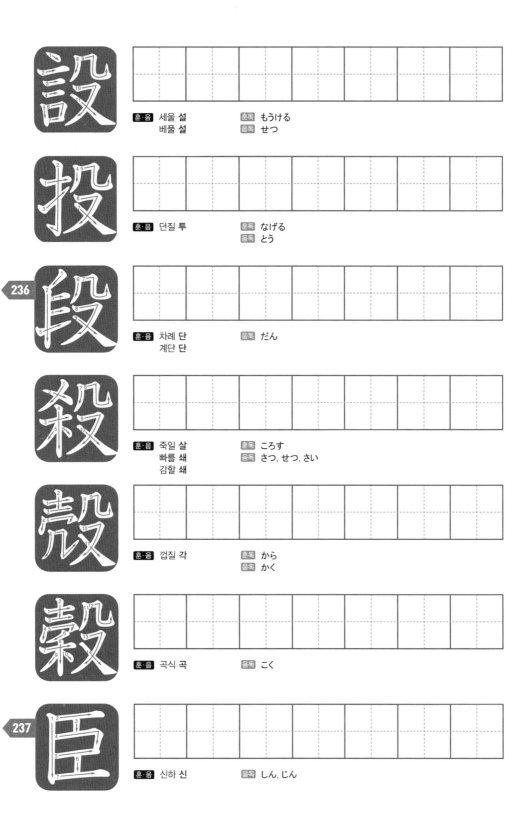

設 훈·음 세울 설 / 베풀 설　　훈독 もうける　음독 せつ

投 훈·음 던질 투　　훈독 なげる　음독 とう

236 段 훈·음 차례 단 / 계단 단　　음독 だん

殺 훈·음 죽일 살 / 빠를 쇄 / 감할 쇄　　훈독 ころす　음독 さつ, せつ, さい

殼 훈·음 껍질 각　　훈독 から　음독 かく

穀 훈·음 곡식 곡　　음독 こく

237 臣 훈·음 신하 신　　음독 しん, じん

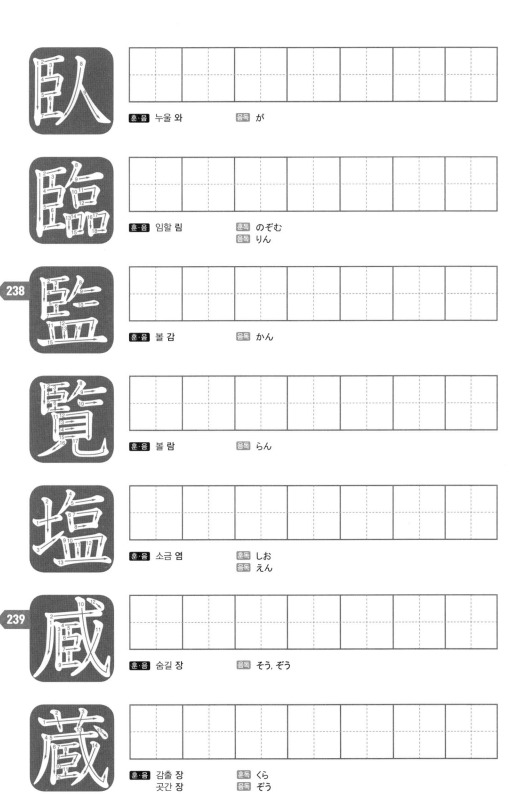

臥 [훈·음] 누울 와　　[음독] が

臨 [훈·음] 임할 림　　[훈독] のぞむ　[음독] りん

監 [훈·음] 볼 감　　[음독] かん

覽 [훈·음] 볼 람　　[음독] らん

塩 [훈·음] 소금 염　　[훈독] しお　[음독] えん

蔵 [훈·음] 숨길 장　　[음독] そう, ぞう

蔵 [훈·음] 감출 장　곳간 장　　[훈독] くら　[음독] ぞう

臓

훈·음 오장 **장**　　음독 ぞう

---

240 東

훈·음 동쪽 **동**　　훈독 ひがし
　　　　　　　　　　음독 とう

練

훈·음 익힐 **련**　　훈독 ねる
　　　　　　　　　　음독 れん

---

241 棘

훈·음 가시 **자**　　훈독 どけ

策

훈·음 채찍 **책**　　음독 さく
　　　꾀 **책**

束

훈·음 묶을 **속**　　훈독 たば
　　　　　　　　　　음독 そく

速

훈·음 빠를 **속**　　훈독 はやい, はやまる, はやめる, すみやか
　　　　　　　　　　음독 そく

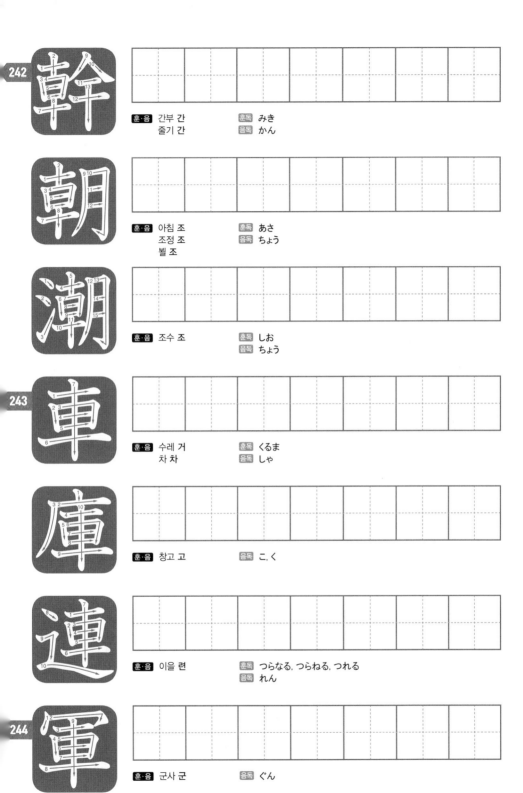

242 幹

훈·음 간부 간
　　　줄기 간
훈독 みき
음독 かん

朝

훈·음 아침 조
　　　조정 조
　　　뵐 조
훈독 あさ
음독 ちょう

潮

훈·음 조수 조
훈독 しお
음독 ちょう

243 車

훈·음 수레 거
　　　차 차
훈독 くるま
음독 しゃ

庫

훈·음 창고 고
음독 こ, く

連

훈·음 이을 련
훈독 つらなる, つらねる, つれる
음독 れん

244 軍

훈·음 군사 군
음독 ぐん

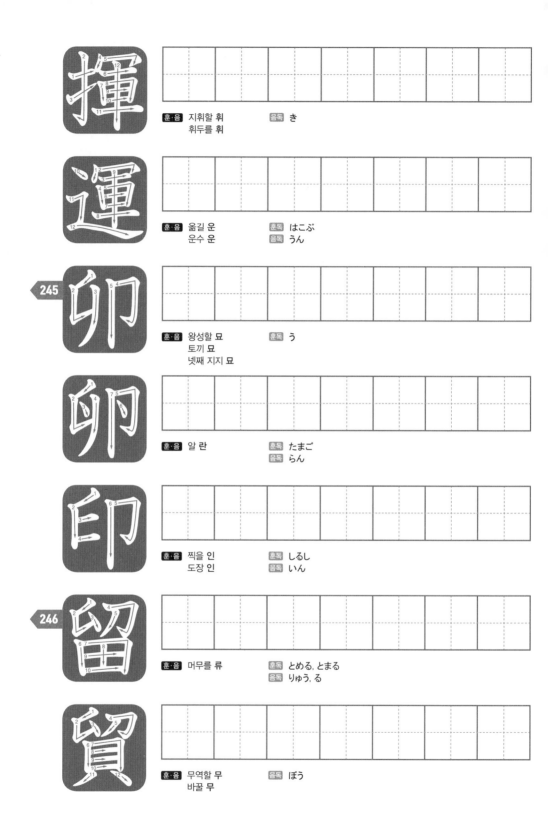

揮 훈·음 지휘할 휘 / 휘두를 휘　음독 き

運 훈·음 옮길 운 / 운수 운　훈독 はこぶ　음독 うん

245 卯 훈·음 왕성할 묘 / 토끼 묘 / 넷째 지지 묘　훈독 う

卵 훈·음 알 란　훈독 たまご　음독 らん

印 훈·음 찍을 인 / 도장 인　훈독 しるし　음독 いん

246 留 훈·음 머무를 류　훈독 とめる, とまる　음독 りゅう, る

貿 훈·음 무역할 무 / 바꿀 무　음독 ぼう

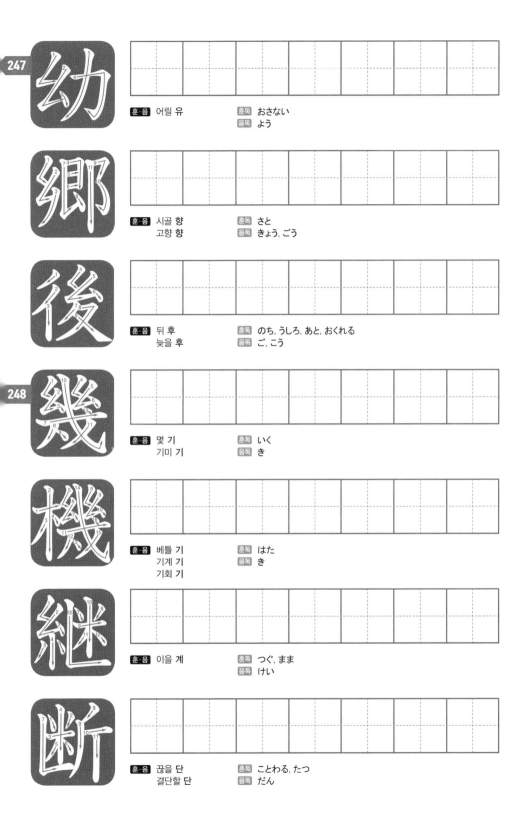

247 幼

훈·음 어릴 유 　　훈독 おさない
　　　　　　　　음독 よう

郷

훈·음 시골 향 　　훈독 さと
　　　고향 향 　　음독 きょう, ごう

後

훈·음 뒤 후 　　　훈독 のち, うしろ, あと, おくれる
　　　늦을 후 　　음독 ご, こう

248 幾

훈·음 몇 기 　　　훈독 いく
　　　기미 기 　　음독 き

機

훈·음 베틀 기 　　훈독 はた
　　　기계 기 　　음독 き
　　　기회 기

継

훈·음 이을 계 　　훈독 つぐ, まま
　　　　　　　　음독 けい

断

훈·음 끊을 단 　　훈독 ことわる, たつ
　　　결단할 단 　　음독 だん

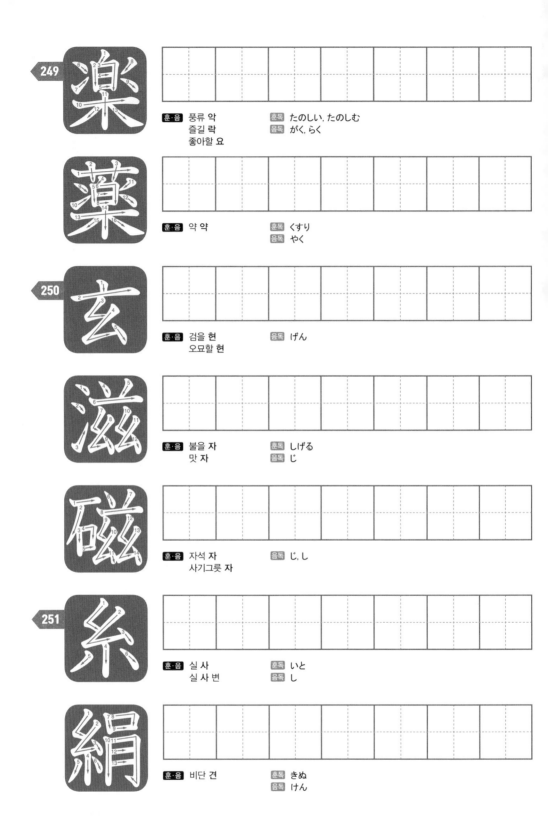

249 楽
훈·음 풍류 악
즐길 락
좋아할 요
훈독 たのしい, たのしむ
음독 がく, らく

薬
훈·음 약 약
훈독 くすり
음독 やく

250 玄
훈·음 검을 현
오묘할 현
음독 げん

滋
훈·음 불을 자
맛 자
훈독 しげる
음독 じ

磁
훈·음 자석 자
사기그릇 자
음독 じ, し

251 糸
훈·음 실 사
실 사 변
훈독 いと
음독 し

絹
훈·음 비단 견
훈독 きぬ
음독 けん

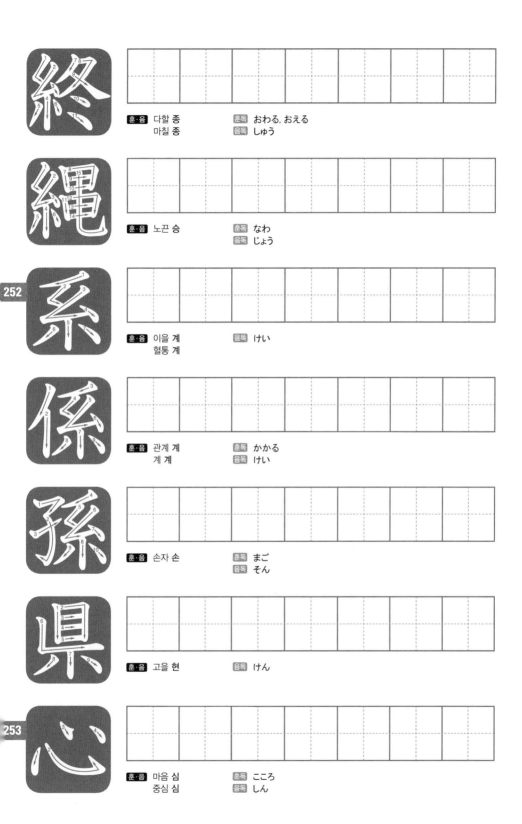

終

훈·음 다할 종
마칠 종

훈독 おわる, おえる
음독 しゅう

繩

훈·음 노끈 승

훈독 なわ
음독 じょう

252

系

훈·음 이을 계
혈통 계

음독 けい

係

훈·음 관계 계
계 계

훈독 かかる
음독 けい

孫

훈·음 손자 손

훈독 まご
음독 そん

県

훈·음 고을 현

음독 けん

253

心

훈·음 마음 심
중심 심

훈독 こころ
음독 しん

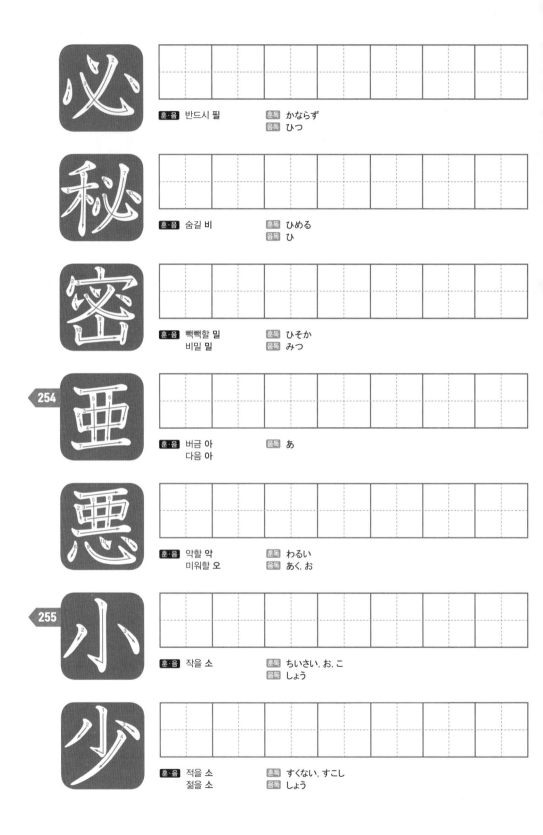

必
훈·음 반드시 필　　　훈독 かならず
　　　　　　　　　　音독 ひつ

秘
훈·음 숨길 비　　　　훈독 ひめる
　　　　　　　　　　音독 ひ

密
훈·음 빽빽할 밀　　　훈독 ひそか
　　　비밀 밀　　　　音독 みつ

254
亜
훈·음 버금 아　　　　音독 あ
　　　다음 아

悪
훈·음 악할 악　　　　훈독 わるい
　　　미워할 오　　　音독 あく, お

255
小
훈·음 작을 소　　　　훈독 ちいさい, お, こ
　　　　　　　　　　音독 しょう

少
훈·음 적을 소　　　　훈독 すくない, すこし
　　　젊을 소　　　　音독 しょう

110

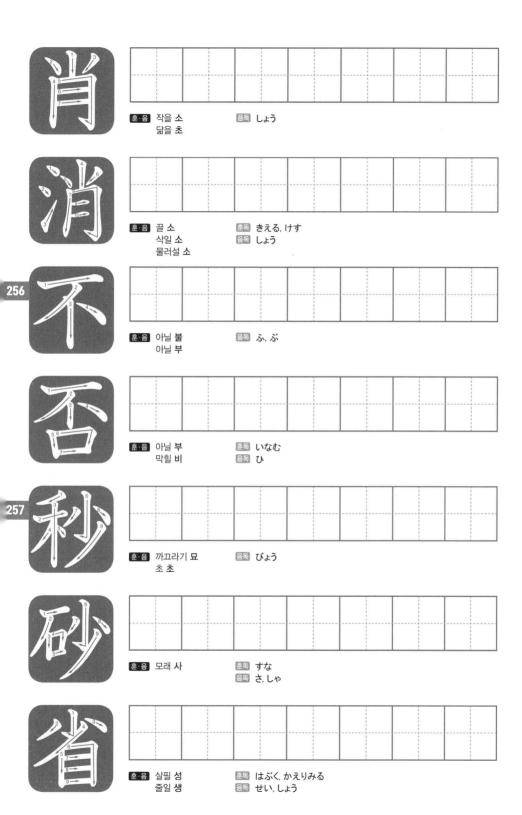

훈·음 작을 소
닮을 초
음독 しょう

훈·음 끌 소
삭일 소
물러설 소
훈독 きえる, けす
음독 しょう

훈·음 아닐 불
아닐 부
음독 ふ, ぶ

훈·음 아닐 부
막힐 비
훈독 いなむ
음독 ひ

훈·음 까끄라기 묘
초 초
음독 びょう

훈·음 모래 사
훈독 すな
음독 さ, しゃ

훈·음 살필 성
줄일 생
훈독 はぶく, かえりみる
음독 せい, しょう

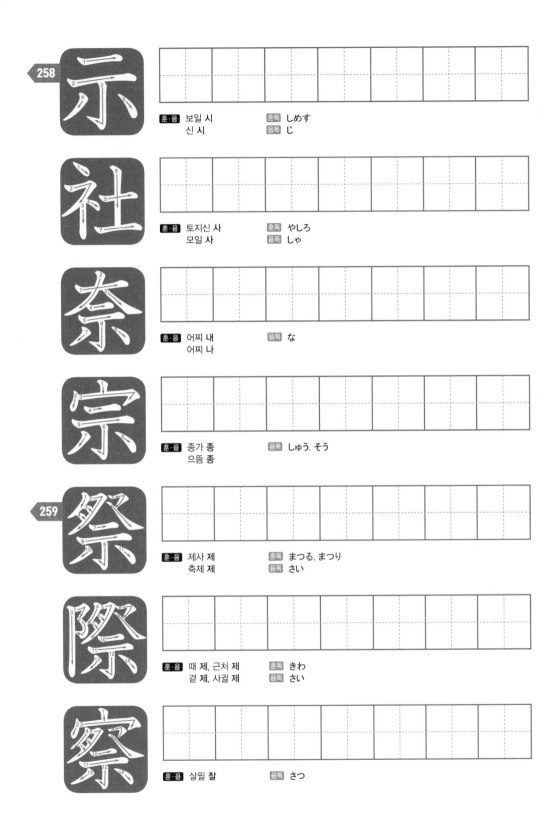

훈·음 보일 시　훈독 しめす
신 시　음독 じ

훈·음 토지신 사　훈독 やしろ
모일 사　음독 しゃ

훈·음 어찌 내　음독 な
어찌 나

훈·음 종가 종　음독 しゅう, そう
으뜸 종

훈·음 제사 제　훈독 まつる, まつり
축제 제　음독 さい

훈·음 때 제, 근처 제　훈독 きわ
곁 제, 사귈 제　음독 さい

훈·음 살필 찰　음독 さつ

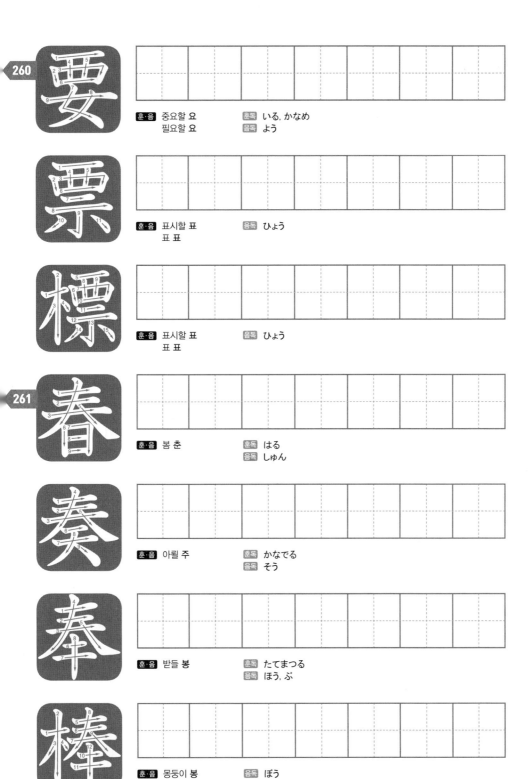

260 要

훈·음 중요할 요
필요할 요
훈독 いる, かなめ
음독 よう

票

훈·음 표시할 표
표 표
음독 ひょう

標

훈·음 표시할 표
표시 표
음독 ひょう

261 春

훈·음 봄 춘
훈독 はる
음독 しゅん

奏

훈·음 아뢸 주
훈독 かなでる
음독 そう

奉

훈·음 받들 봉
훈독 たてまつる
음독 ほう, ぶ

棒

훈·음 몽둥이 봉
음독 ぼう

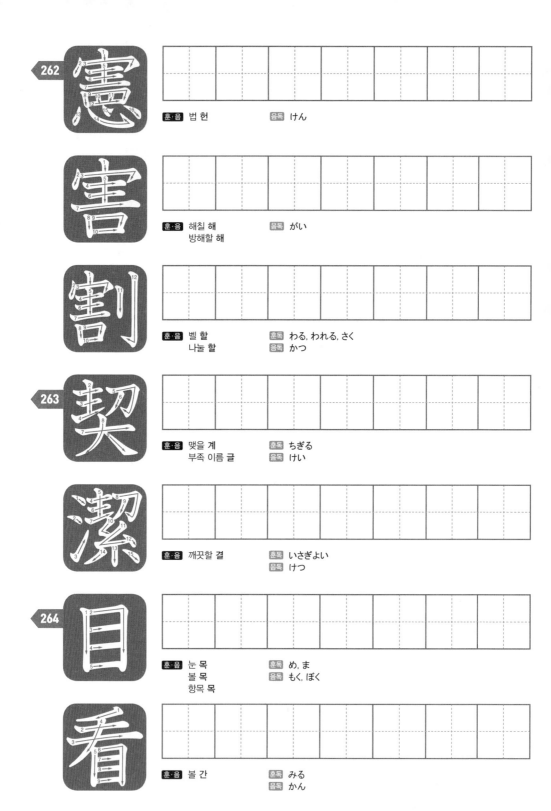

262 憲
훈·음 법 헌　　음독 けん

害
훈·음 해칠 해　　음독 がい
　　　방해할 해

割
훈·음 벨 할　　훈독 わる, われる, さく
　　　나눌 할　　음독 かつ

263 契
훈·음 맺을 계　　훈독 ちぎる
　　　부족 이름 글　　음독 けい

潔
훈·음 깨끗할 결　　훈독 いさぎよい
　　　　　　　　음독 けつ

264 目
훈·음 눈 목　　훈독 め, ま
　　　볼 목　　음독 もく, ぼく
　　　항목 목

看
훈·음 볼 간　　훈독 みる
　　　　　　음독 かん

훈·음 볼 견　　　　　훈독 みる, みえる, みつける, みせる
빛날 현　　　　　음독 けん

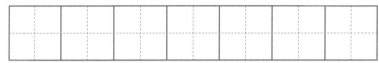

훈·음 이제 현　　　　　훈독 あらわす, あらわれる
나타날 현　　　　　음독 げん

훈·음 법 규　　　　　음독 き

훈·음 볼 시　　　　　음독 し
살필 시

훈·음 곧을 직　　　　　훈독 ただちに, なおす, なおる
바를 직　　　　　음독 ちょく, じき

훈·음 심을 식　　　　　훈독 うえる, うわる
음독 しょく

훈·음 값 치　　　　　훈독 ね, あたい
음독 ち

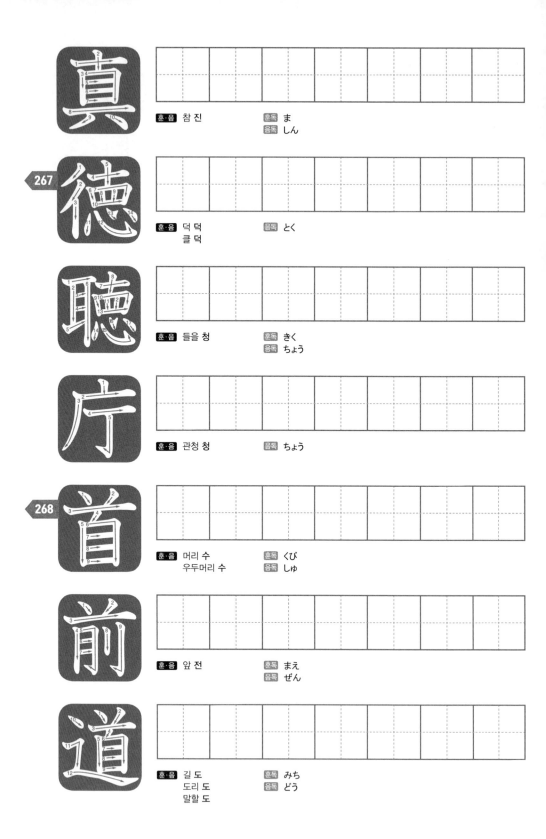

真 훈·음 참 진　훈독 ま　음독 しん

德 훈·음 덕 덕　클 덕　음독 とく

聴 훈·음 들을 청　훈독 きく　음독 ちょう

庁 훈·음 관청 청　음독 ちょう

首 훈·음 머리 수　우두머리 수　훈독 くび　음독 しゅ

前 훈·음 앞 전　훈독 まえ　음독 ぜん

道 훈·음 길 도　도리 도　말할 도　훈독 みち　음독 どう

훈·음 인도할 도　　훈독 みちびく
　　　　　　　　　音독 どう

훈·음 귀 이　　훈독 みみ
　　　　　　音독 じ

훈·음 취할 취　　훈독 とる
　　　가질 취　　音독 しゅ

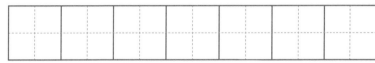

훈·음 가장 최　　훈독 もっとも
　　　　　　　　音독 さい

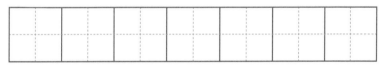

훈·음 소리 성　　훈독 こえ, こわ
　　　　　　　　音독 せい, しょう

훈·음 맡을 직　　音독 しょく
　　　벼슬 직

훈·음 짤 직　　　훈독 おる
　　　　　　　　音독 しき, しょく

117

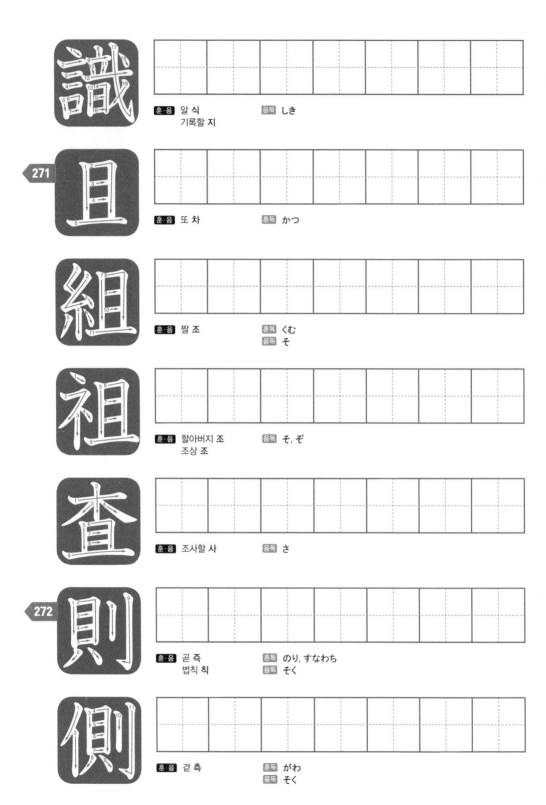

識
훈·음 알 식
기록할 지
음독 しき

271 且
훈·음 또 차
훈독 かつ

組
훈·음 짤 조
훈독 くむ
음독 そ

祖
훈·음 할아버지 조
조상 조
음독 そ, ぞ

査
훈·음 조사할 사
음독 さ

272 則
훈·음 곧 즉
법칙 칙
훈독 のり, すなわち
음독 そく

側
훈·음 곁 측
훈독 がわ
음독 そく

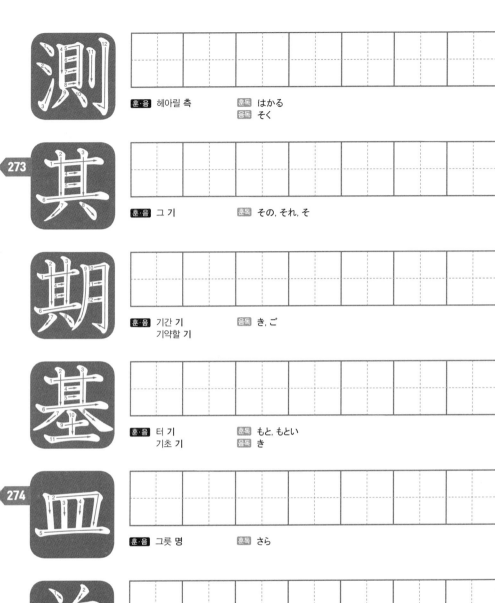

測
훈·음 헤아릴 측　　음독 はかる
음독 そく

273 其
훈·음 그 기　　훈독 その, それ, そ

期
훈·음 기간 기　　음독 き, ご
기약할 기

基
훈·음 터 기　　훈독 もと, もとい
기초 기　　음독 き

274 皿
훈·음 그릇 명　　훈독 さら

益
훈·음 더할 익　　음독 えき, やく
유익할 익

温

훈·음 따뜻할 온　　훈독 あたたかい, あたたまる, あたためる
익힐 온　　음독 おん

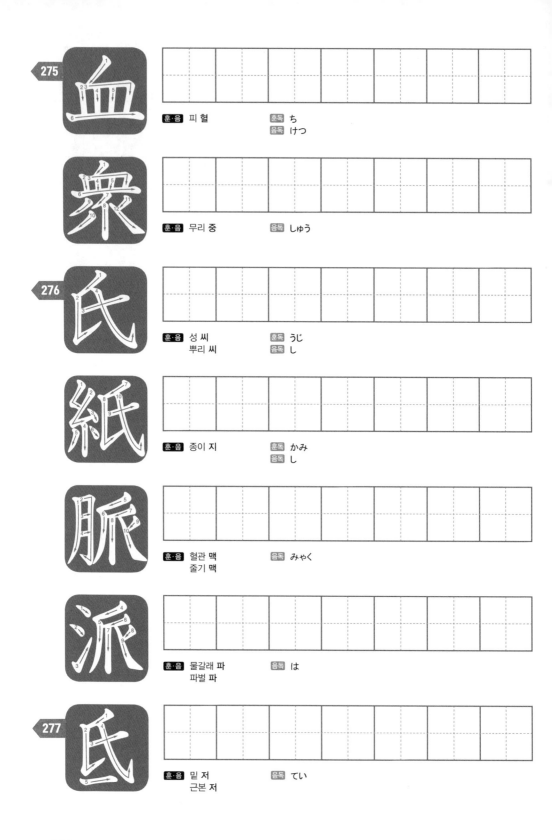

훈·음 피 혈　　　훈독 ち
　　　　　　　　음독 けつ

훈·음 무리 중　　　음독 しゅう

훈·음 성 씨　　　훈독 うじ
　　　뿌리 씨　　음독 し

훈·음 종이 지　　훈독 かみ
　　　　　　　　음독 し

훈·음 혈관 맥　　음독 みゃく
　　　줄기 맥

훈·음 물갈래 파　음독 は
　　　파벌 파

훈·음 밑 저　　　음독 てい
　　　근본 저

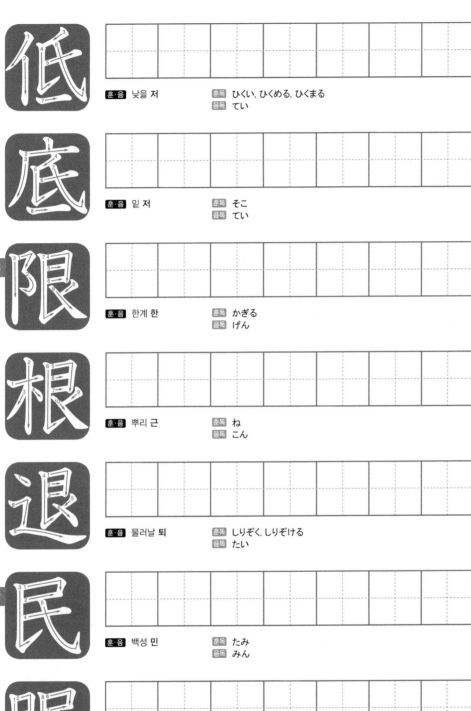

低 | 훈·음 낮을 저 | 훈독 ひくい, ひくめる, ひくまる
음독 てい

底 | 훈·음 밑 저 | 훈독 そこ
음독 てい

限 | 훈·음 한계 한 | 훈독 かぎる
음독 げん

根 | 훈·음 뿌리 근 | 훈독 ね
음독 こん

退 | 훈·음 물러날 퇴 | 훈독 しりぞく, しりぞける
음독 たい

279 民 | 훈·음 백성 민 | 훈독 たみ
음독 みん

眠 | 훈·음 잘 면 | 훈독 ねむる, ねむい
음독 みん

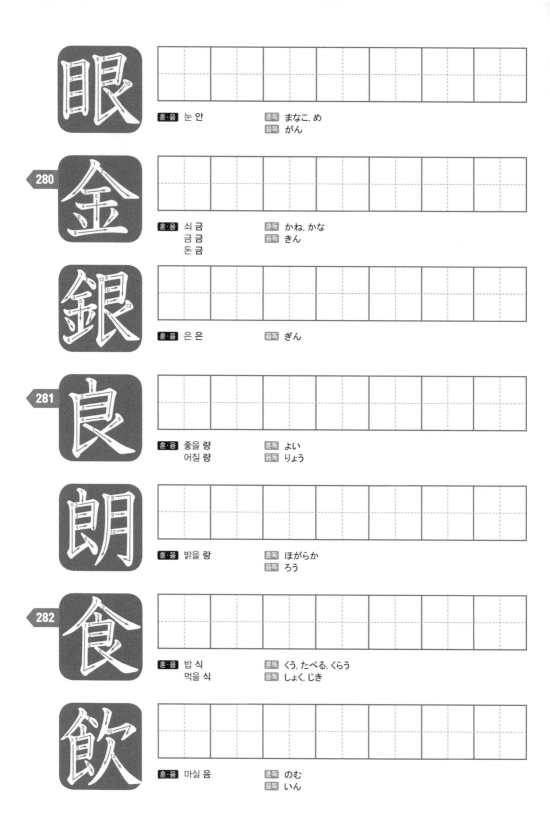

眼　훈·음 눈 안　　훈독 まなこ, め
　　　　　　　　　　音독 がん

280 金　훈·음 쇠 금　　훈독 かね, かな
　　　　　금 금　　音독 きん
　　　　　돈 금

銀　훈·음 은 은　　音독 ぎん

281 良　훈·음 좋을 량　훈독 よい
　　　　　어질 량　音독 りょう

朗　훈·음 밝을 랑　훈독 ほがらか
　　　　　　　　　　音독 ろう

282 食　훈·음 밥 식　　훈독 くう, たべる, くらう
　　　　　먹을 식　音독 しょく, じき

飲　훈·음 마실 음　훈독 のむ
　　　　　　　　　　音독 いん

122

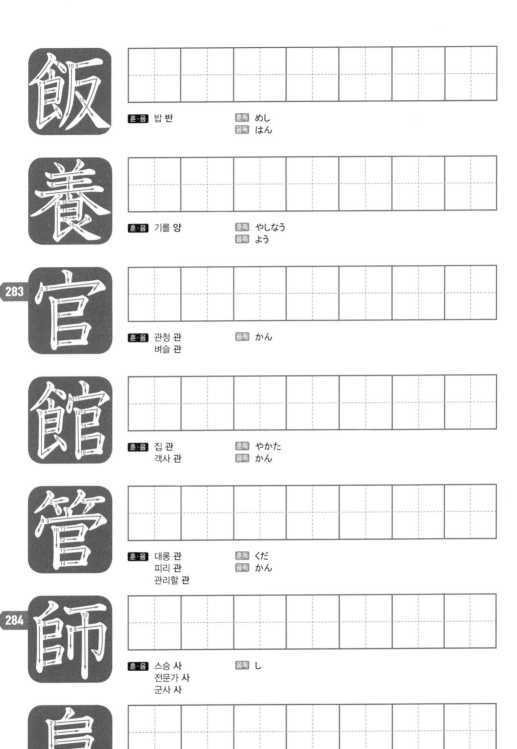

飯 　훈·음 밥 반　　훈독 めし
　　　　　　　　　음독 はん

養 　훈·음 기를 양　　훈독 やしなう
　　　　　　　　　음독 よう

283 官 　훈·음 관청 관　　음독 かん
　　　　벼슬 관

館 　훈·음 집 관　　　훈독 やかた
　　　　객사 관　　음독 かん

管 　훈·음 대롱 관　　훈독 くだ
　　　　피리 관　　음독 かん
　　　　관리할 관

284 師 　훈·음 스승 사　　음독 し
　　　　전문가 사
　　　　군사 사

阜 　훈·음 언덕 부　　음독 ふ

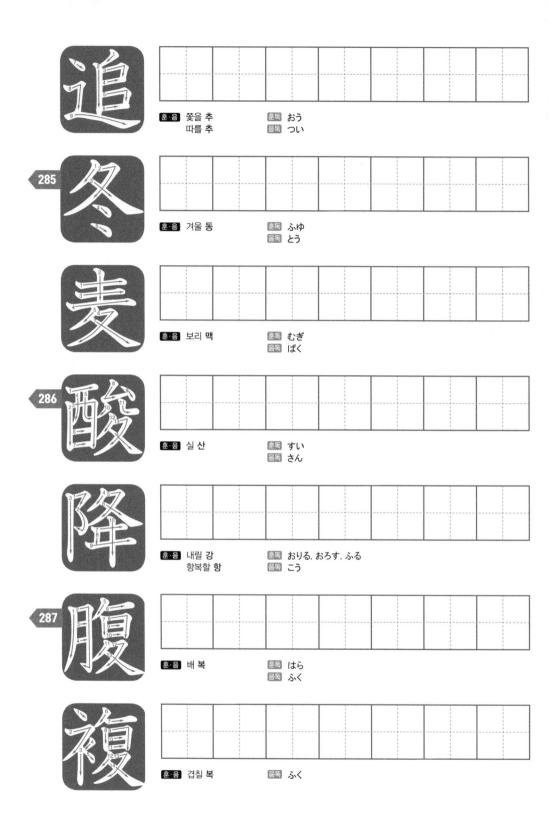

追 훈·음 쫓을 추 / 따를 추　훈독 おう　음독 つい

285 冬 훈·음 겨울 동　훈독 ふゆ　음독 とう

麦 훈·음 보리 맥　훈독 むぎ　음독 ばく

286 酸 훈·음 실 산　훈독 すい　음독 さん

降 훈·음 내릴 강 / 항복할 항　훈독 おりる, おろす, ふる　음독 こう

287 腹 훈·음 배 복　훈독 はら　음독 ふく

複 훈·음 겹칠 복　음독 ふく

훈·음 다시 부　　　음독 ふく
　　　돌아올 복

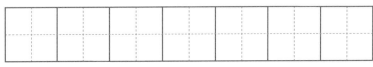

훈·음 자기 자　　　훈독 みずから, おのずから
　　　스스로 자　　음독 じ, し
　　　부터 자

훈·음 쉴 식　　　　훈독 いき
　　　숨 쉴 식　　　음독 そく
　　　자식 식

훈·음 여름 하　　　훈독 なつ
　　　　　　　　　音독 か, げ

훈·음 끝 변　　　　훈독 あたり, べ
　　　가 변　　　　음독 へん

훈·음 코 비　　　　훈독 はな
　　　비롯할 비　　음독 び

훈·음 얼굴 면　　　훈독 おも, おもて, つら
　　　향할 면　　　음독 めん
　　　볼 면

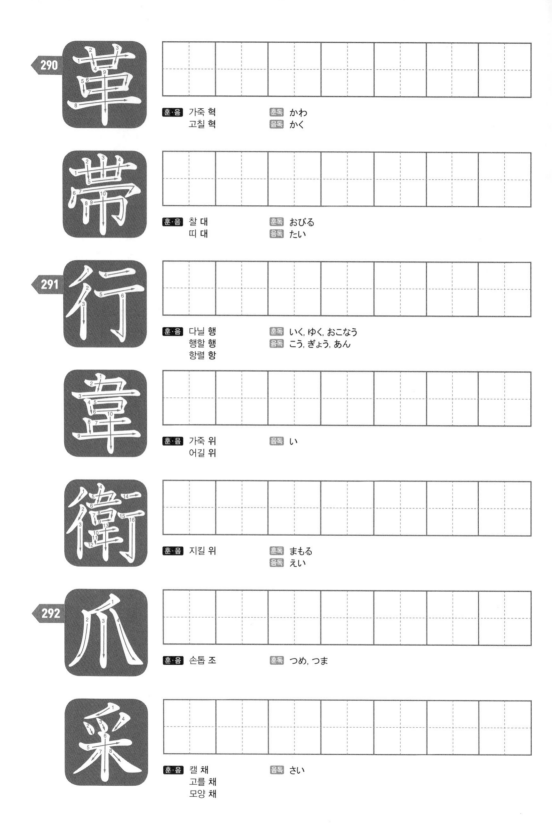

훈·음 가죽 혁
고칠 혁

훈독 かわ
음독 かく

훈·음 찰 대
띠 대

훈독 おびる
음독 たい

훈·음 다닐 행
행할 행
항렬 항

훈독 いく, ゆく, おこなう
음독 こう, ぎょう, あん

훈·음 가죽 위
어길 위

음독 い

훈·음 지킬 위

훈독 まもる
음독 えい

훈·음 손톱 조

훈독 つめ, つま

훈·음 캘 채
고를 채
모양 채

음독 さい

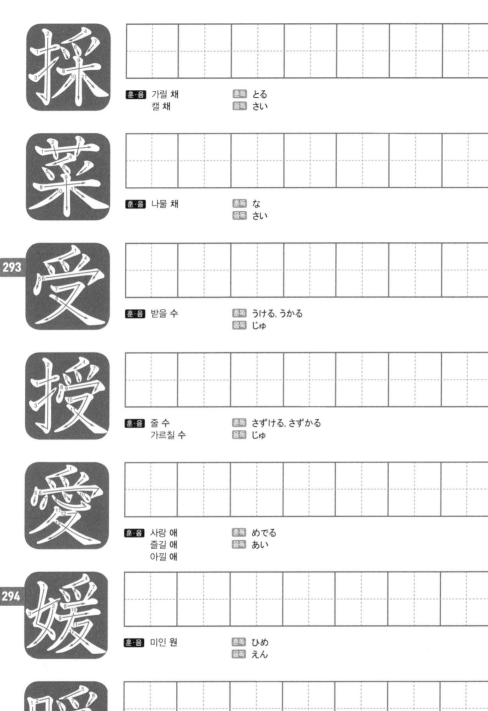

採

훈·음 가릴 채
캘 채

훈독 とる
음독 さい

菜

훈·음 나물 채

훈독 な
음독 さい

293 **受**

훈·음 받을 수

훈독 うける, うかる
음독 じゅ

授

훈·음 줄 수
가르칠 수

훈독 さずける, さずかる
음독 じゅ

愛

훈·음 사랑 애
즐길 애
아낄 애

훈독 めでる
음독 あい

294 **媛**

훈·음 미인 원

훈독 ひめ
음독 えん

暖

훈·음 따뜻할 난

훈독 あたたかい, あたたまる, あたためる
음독 だん

127

295 乳
훈·음 젖 유
훈독 ちち, ち
음독 にゅう

296 事
훈·음 일 사
섬길 사
훈독 こと
음독 じ, ず

急
훈·음 급할 급
훈독 いそぐ
음독 きゅう

康
훈·음 편안할 강
훈독 やすい
음독 こう

297 君
훈·음 임금 군
남편 군
그대 군
훈독 きみ
음독 くん

郡
훈·음 고을 군
음독 ぐん

群
훈·음 무리 군
훈독 むれる, むらがる
음독 ぐん

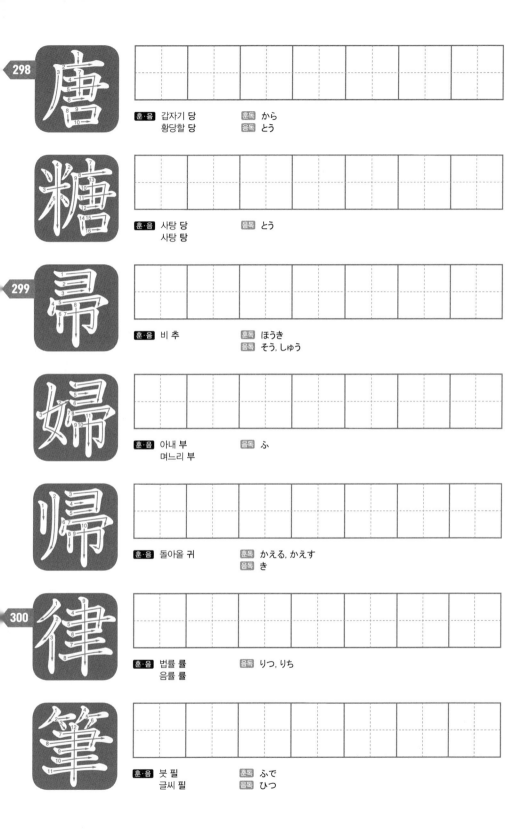

298 唐

훈·음 갑자기 당
황당할 당

훈독 から
음독 とう

糖

훈·음 사탕 당
사탕 탕

음독 とう

299 帚

훈·음 비 추

훈독 ほうき
음독 そう, しゅう

婦

훈·음 아내 부
며느리 부

음독 ふ

歸

훈·음 돌아올 귀

훈독 かえる, かえす
음독 き

300 律

훈·음 법률 률
음률 률

음독 りつ, りち

筆

훈·음 붓 필
글씨 필

훈독 ふで
음독 ひつ

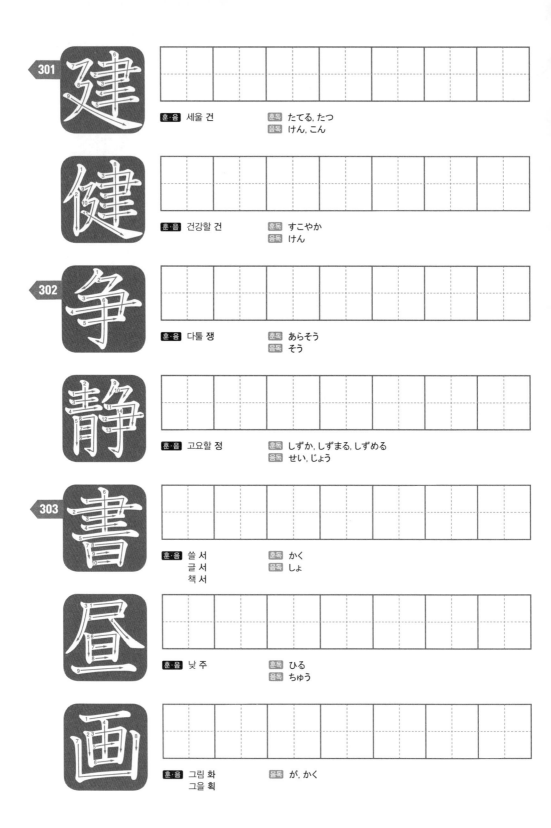

301 建

훈·음 세울 건

훈독 たてる, たつ
음독 けん, こん

健

훈·음 건강할 건

훈독 すこやか
음독 けん

302 争

훈·음 다툴 쟁

훈독 あらそう
음독 そう

静

훈·음 고요할 정

훈독 しずか, しずまる, しずめる
음독 せい, じょう

303 書

훈·음 쓸 서
글 서
책 서

훈독 かく
음독 しょ

昼

훈·음 낮 주

훈독 ひる
음독 ちゅう

画

훈·음 그림 화
그을 획

음독 が, かく

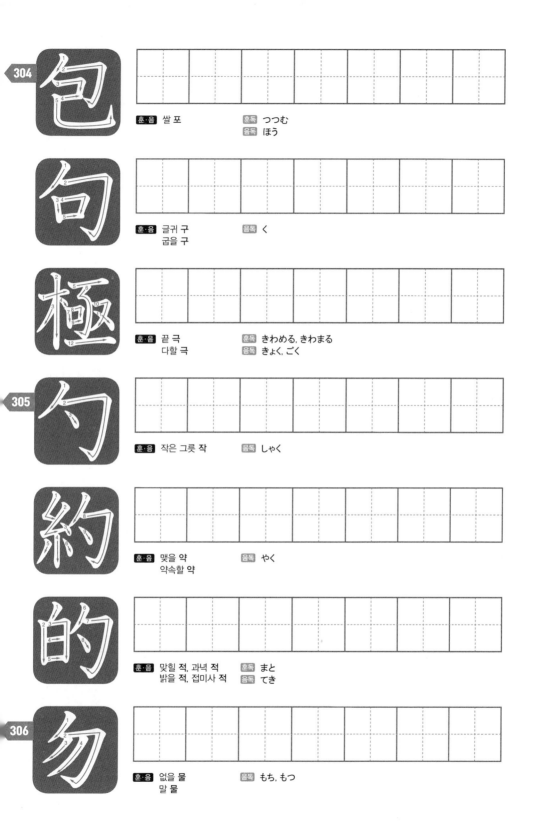

304 包

훈·음 쌀 포   훈독 つつむ
음독 ほう

句

훈·음 글귀 구   음독 く
굽을 구

極

훈·음 끝 극   훈독 きわめる, きわまる
다할 극   음독 きょく, ごく

305 勺

훈·음 작은 그릇 작   음독 しゃく

約

훈·음 맺을 약   음독 やく
약속할 약

的

훈·음 맞힐 적, 과녁 적   훈독 まと
밝을 적, 접미사 적   음독 てき

306 勿

훈·음 없을 물   음독 もち, もつ
말 물

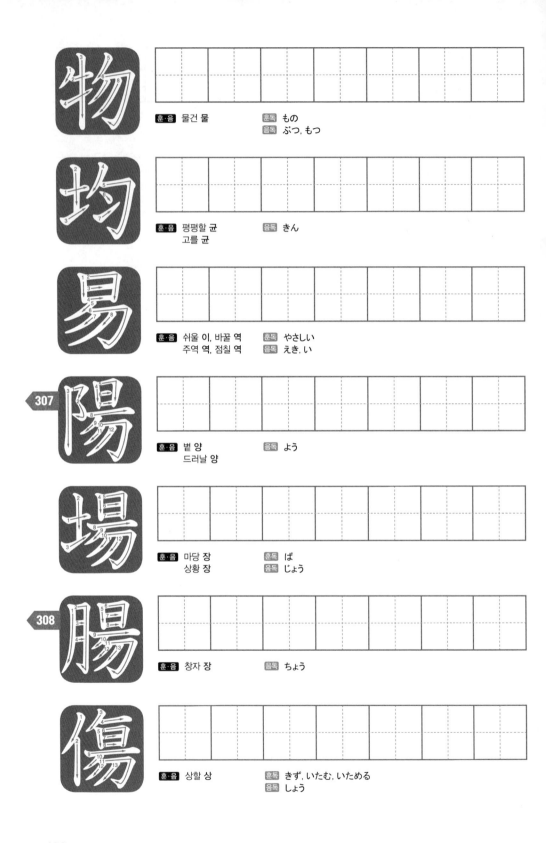

물건 물 — もの / ぶつ, もつ

평평할 균, 고를 균 — きん

쉬울 이, 바꿀 역, 주역 역, 점칠 역 — やさしい / えき, い

볕 양, 드러날 양 — よう

마당 장, 상황 장 — ば / じょう

창자 장 — ちょう

상할 상 — きず, いたむ, いためる / しょう

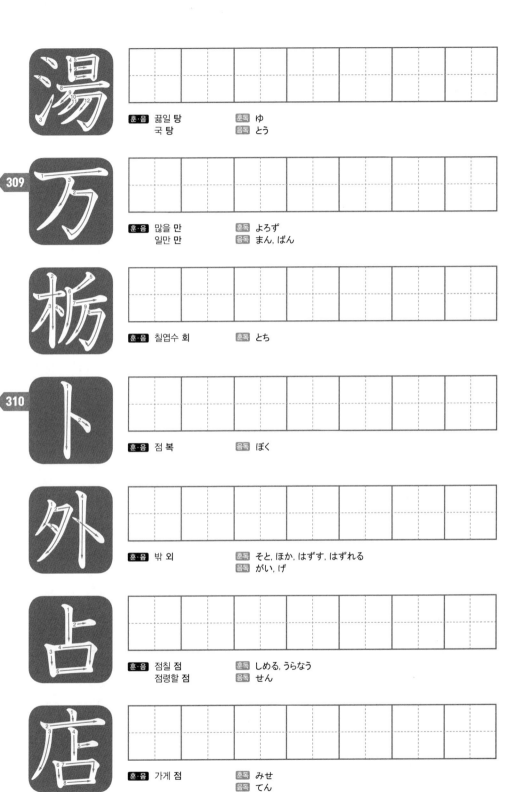

훈·음 끓일 탕
국 탕
훈독 ゆ
음독 とう

훈·음 많을 만
일만 만
훈독 よろず
음독 まん, ばん

훈·음 칠엽수 회
훈독 とち

훈·음 점 복
음독 ぼく

훈·음 밖 외
훈독 そと, ほか, はずす, はずれる
음독 がい, げ

훈·음 점칠 점
점령할 점
훈독 しめる, うらなう
음독 せん

훈·음 가게 점
훈독 みせ
음독 てん

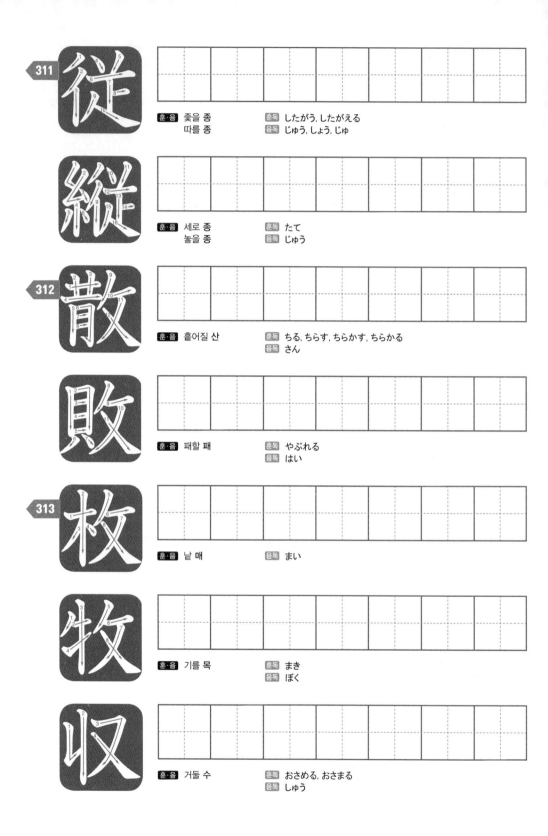

311 従
훈·음 좇을 종
따를 종
훈독 したがう, したがえる
음독 じゅう, しょう, じゅ

縦
훈·음 세로 종
놓을 종
훈독 たて
음독 じゅう

312 散
훈·음 흩어질 산
훈독 ちる, ちらす, ちらかす, ちらかる
음독 さん

敗
훈·음 패할 패
훈독 やぶれる
음독 はい

313 枚
훈·음 낱 매
음독 まい

牧
훈·음 기를 목
훈독 まき
음독 ぼく

収
훈·음 거둘 수
훈독 おさめる, おさまる
음독 しゅう

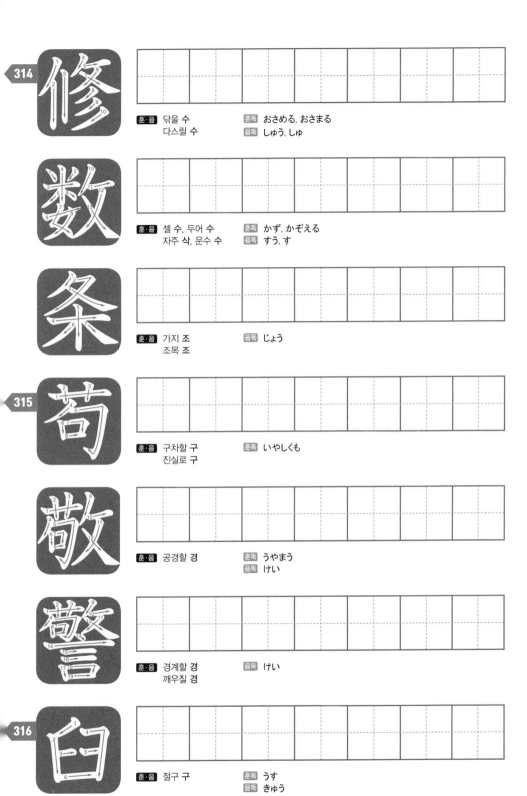

314 修

훈·음 닦을 수　　　훈독 おさめる, おさまる
　　　다스릴 수　　　음독 しゅう, しゅ

数

훈·음 셀 수, 두어 수　　훈독 かず, かぞえる
　　　자주 삭, 운수 수　　음독 すう, す

条

훈·음 가지 조　　　음독 じょう
　　　조목 조

315 苟

훈·음 구차할 구　　　훈독 いやしくも
　　　진실로 구

敬

훈·음 공경할 경　　　훈독 うやまう
　　　　　　　　　음독 けい

警

훈·음 경계할 경　　　음독 けい
　　　깨우칠 경

316 臼

훈·음 절구 구　　　훈독 うす
　　　　　　　　음독 きゅう

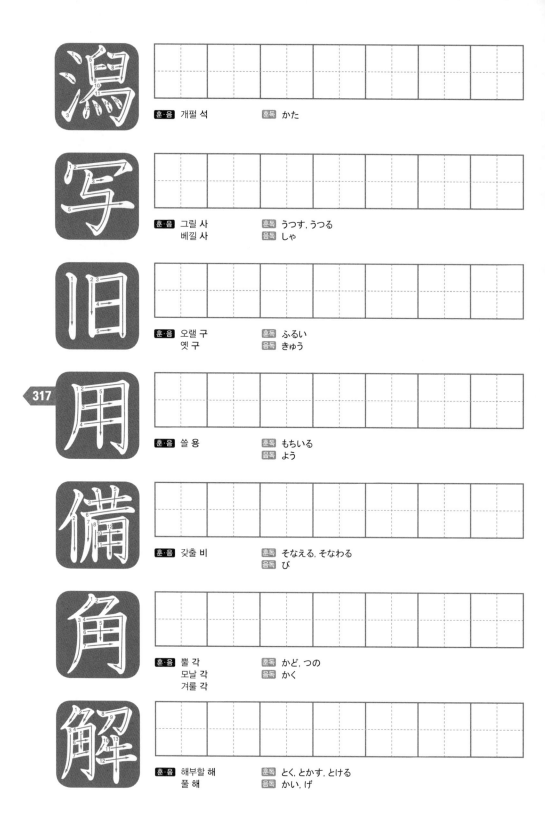

潟 훈·음 개펄 석　　훈독 かた

写 훈·음 그릴 사　　훈독 うつす, うつる
베낄 사　　음독 しゃ

旧 훈·음 오랠 구　　훈독 ふるい
옛 구　　음독 きゅう

317 用 훈·음 쓸 용　　훈독 もちいる
음독 よう

備 훈·음 갖출 비　　훈독 そなえる, そなわる
음독 び

角 훈·음 뿔 각　　훈독 かど, つの
모날 각　　음독 かく
겨룰 각

解 훈·음 해부할 해　　훈독 とく, とかす, とける
풀 해　　음독 かい, げ

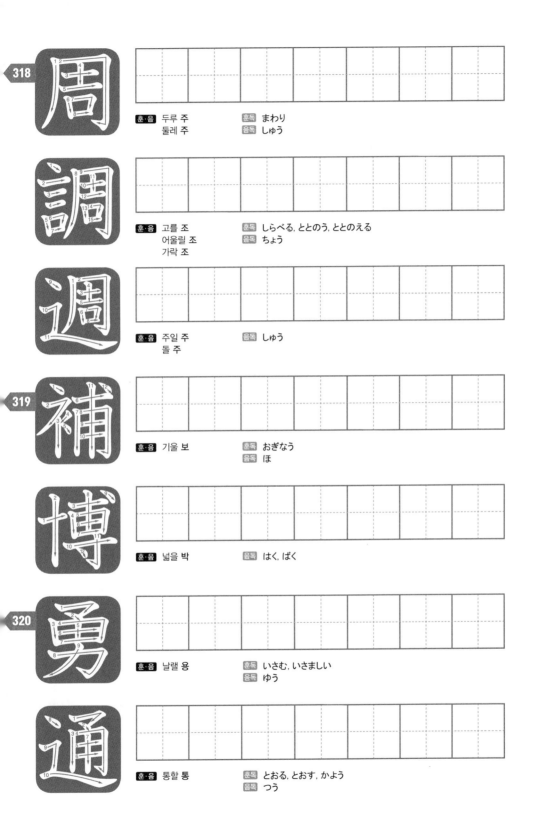

318 周

훈·음 두루 주
둘레 주
훈독 まわり
음독 しゅう

調

훈·음 고를 조
어울릴 조
가락 조
훈독 しらべる, ととのう, ととのえる
음독 ちょう

週

훈·음 주일 주
돌 주
음독 しゅう

319 補

훈·음 기울 보
훈독 おぎなう
음독 ほ

博

훈·음 넓을 박
음독 はく, ばく

320 勇

훈·음 날랠 용
훈독 いさむ, いさましい
음독 ゆう

通

훈·음 통할 통
훈독 とおる, とおす, かよう
음독 つう

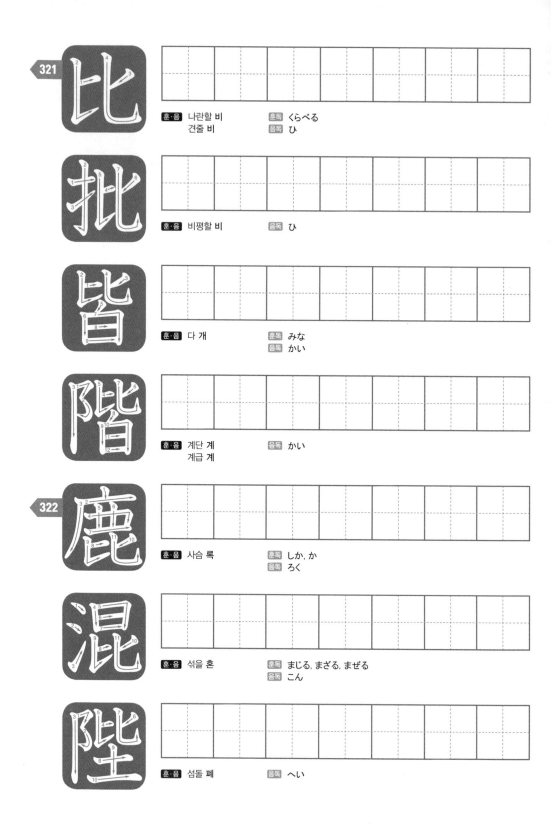

훈·음 나란할 비
　　견줄 비
훈독 くらべる
음독 ひ

훈·음 비평할 비
음독 ひ

훈·음 다 개
훈독 みな
음독 かい

훈·음 계단 계
　　계급 계
음독 かい

훈·음 사슴 록
훈독 しか, か
음독 ろく

훈·음 섞을 혼
훈독 まじる, まざる, まぜる
음독 こん

훈·음 섬돌 폐
음독 へい

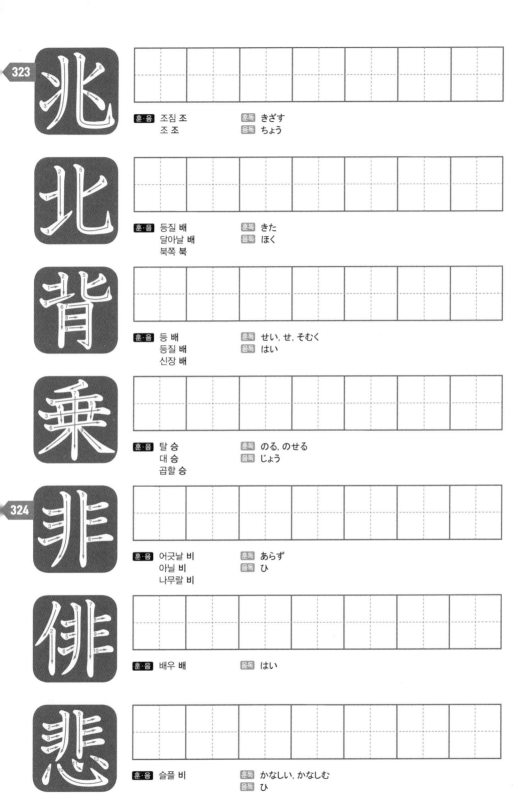

323

兆 훈·음 조짐 조
조 조
훈독 きざす
음독 ちょう

北 훈·음 등질 배
달아날 배
북쪽 북
훈독 きた
음독 ほく

背 훈·음 등 배
등질 배
신장 배
훈독 せい, せ, そむく
음독 はい

乗 훈·음 탈 승
대 승
곱할 승
훈독 のる, のせる
음독 じょう

324

非 훈·음 어긋날 비
아닐 비
나무랄 비
훈독 あらず
음독 ひ

俳 훈·음 배우 배
음독 はい

悲 훈·음 슬플 비
훈독 かなしい, かなしむ
음독 ひ

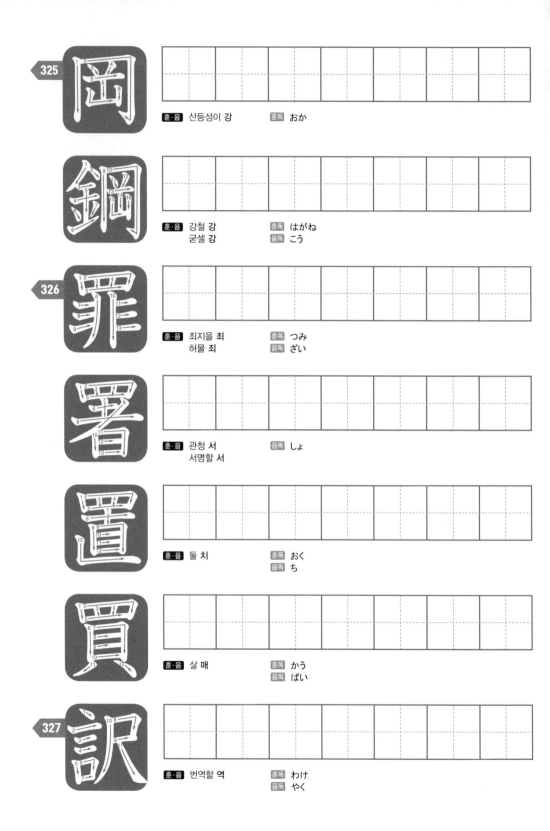

325 岡
훈·음 산등성이 강　훈독 おか

鋼
훈·음 강철 강　훈독 はがね
　　굳셀 강　음독 こう

326 罪
훈·음 죄지을 죄　훈독 つみ
　　허물 죄　음독 ざい

署
훈·음 관청 서　음독 しょ
　　서명할 서

置
훈·음 둘 치　훈독 おく
　　　　음독 ち

買
훈·음 살 매　훈독 かう
　　　　음독 ばい

327 訳
훈·음 번역할 역　훈독 わけ
　　　　음독 やく

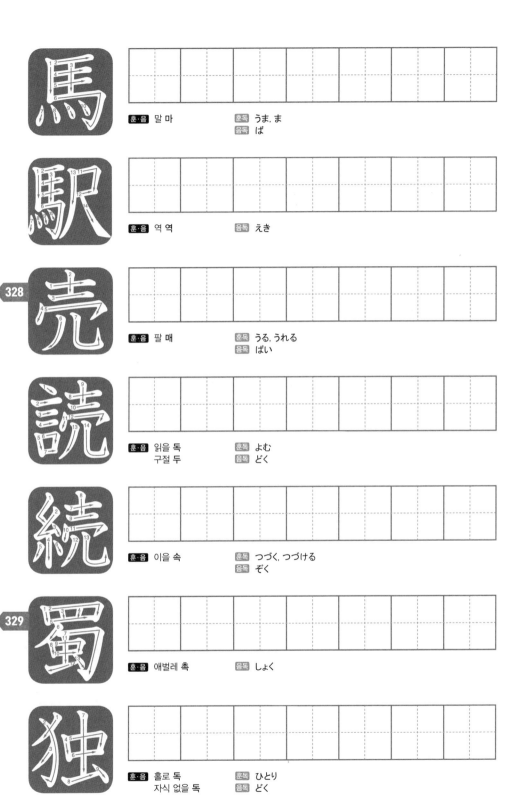

훈·음 말 마　　　훈독 うま, ま
　　　　　　　　音독 ば

훈·음 역 역　　　音독 えき

훈·음 팔 매　　　훈독 うる, うれる
　　　　　　　　音독 ばい

훈·음 읽을 독　　　훈독 よむ
　　구절 두　　　音독 どく

훈·음 이을 속　　　훈독 つづく, つづける
　　　　　　　　音독 ぞく

훈·음 애벌레 촉　　音독 しょく

훈·음 홀로 독　　　훈독 ひとり
　　자식 없을 독　音독 どく

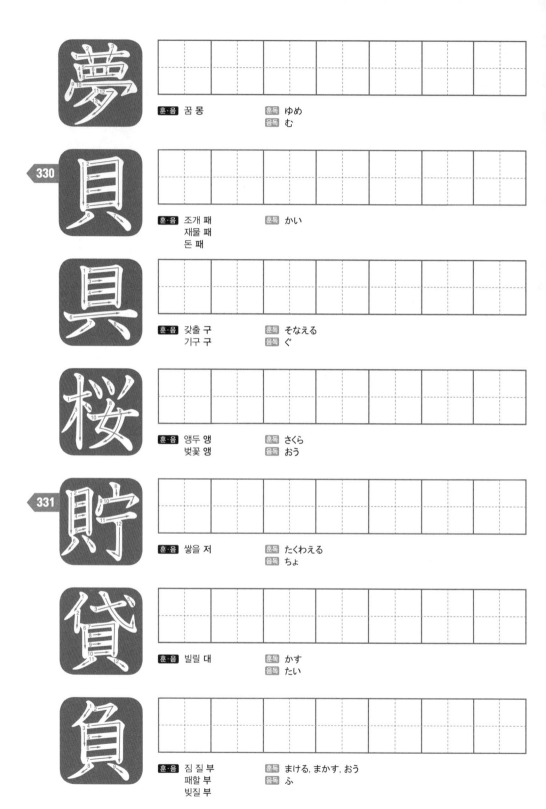

훈·음 꿈 몽　　　훈독 ゆめ
　　　　　　　　音독 む

330

훈·음 조개 패　　　훈독 かい
　　　재물 패
　　　돈 패

훈·음 갖출 구　　　훈독 そなえる
　　　기구 구　　　音독 ぐ

훈·음 앵두 앵　　　훈독 さくら
　　　벚꽃 앵　　　音독 おう

331

훈·음 쌓을 저　　　훈독 たくわえる
　　　　　　　　音독 ちょ

훈·음 빌릴 대　　　훈독 かす
　　　　　　　　音독 たい

훈·음 짐 질 부　　　훈독 まける, まかす, おう
　　　패할 부　　　音독 ふ
　　　빚질 부

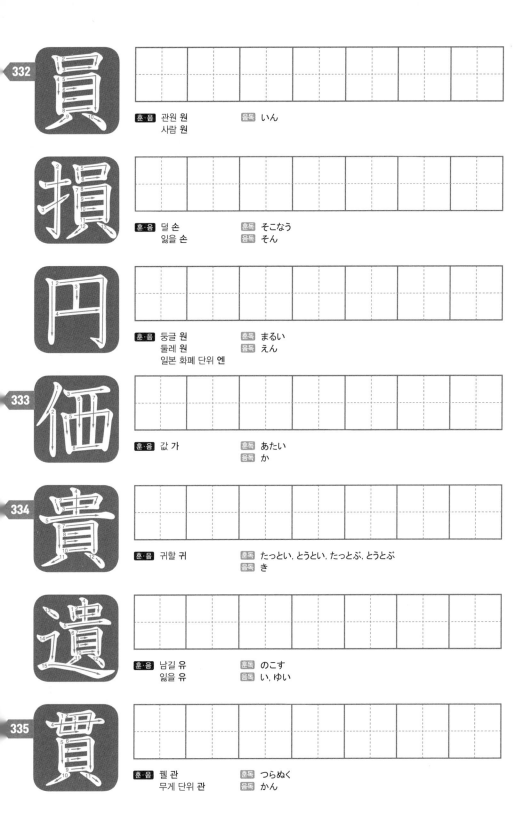

332 員
훈·음 관원 원
사람 원
음독 いん

損
훈·음 덜 손
잃을 손
훈독 そこなう
음독 そん

円
훈·음 둥글 원
둘레 원
일본 화폐 단위 엔
훈독 まるい
음독 えん

333 価
훈·음 값 가
훈독 あたい
음독 か

334 貴
훈·음 귀할 귀
훈독 たっとい, とうとい, たっとぶ, とうとぶ
음독 き

遺
훈·음 남길 유
잃을 유
훈독 のこす
음독 い, ゆい

335 貫
훈·음 꿸 관
무게 단위 관
훈독 つらぬく
음독 かん

143

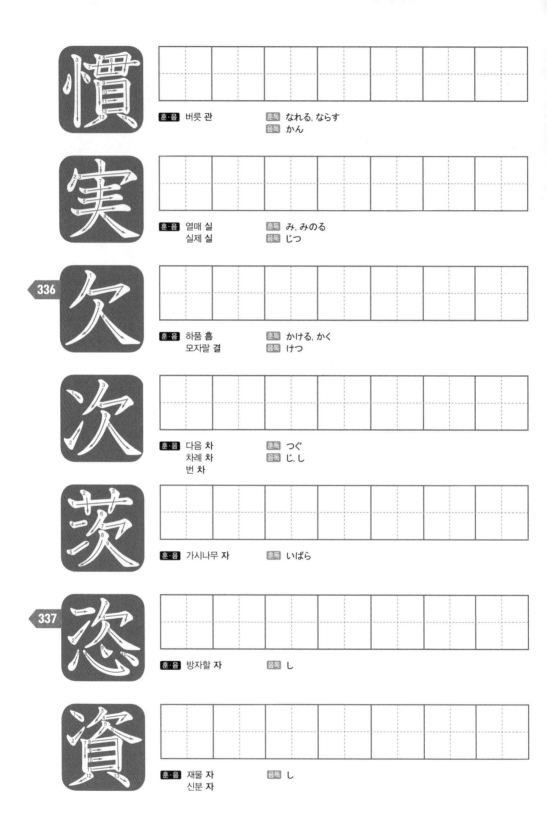

慣　훈·음 버릇 관　　훈독 なれる, ならす　　음독 かん

実　훈·음 열매 실　　훈독 み, みのる
　　　실제 실　　음독 じつ

欠　336　훈·음 하품 흠　　훈독 かける, かく
　　　모자랄 결　　음독 けつ

次　훈·음 다음 차　　훈독 つぐ
　　　차례 차　　음독 じ, し
　　　번 차

茨　훈·음 가시나무 자　　훈독 いばら

恣　337　훈·음 방자할 자　　음독 し

資　훈·음 재물 자　　음독 し
　　　신분 자

144

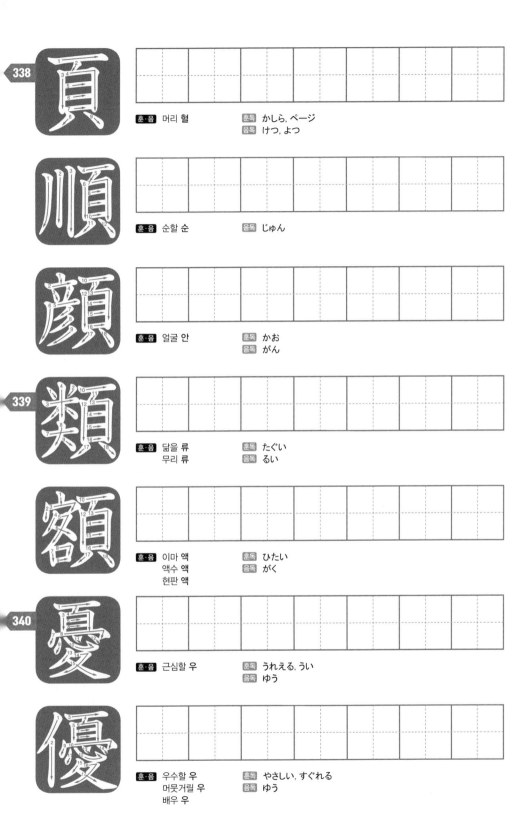

338 頁

훈·음 머리 혈　　　훈독 かしら, ページ
음독 けつ, よつ

順

훈·음 순할 순　　　음독 じゅん

顔

훈·음 얼굴 안　　　훈독 かお
음독 がん

339 類

훈·음 닮을 류　　　훈독 たぐい
무리 류　　　음독 るい

額

훈·음 이마 액　　　훈독 ひたい
액수 액　　　음독 がく
현판 액

340 憂

훈·음 근심할 우　　　훈독 うれえる, うい
음독 ゆう

優

훈·음 우수할 우　　　훈독 やさしい, すぐれる
머뭇거릴 우　　　음독 ゆう
배우 우

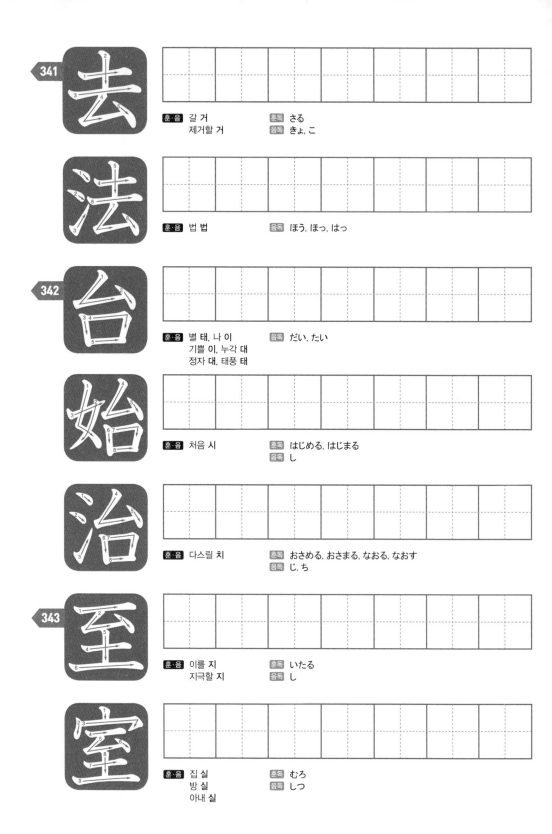

341 去

> 훈·음 갈 거
> 제거할 거
>
> 훈독 さる
> 음독 きょ, こ

法

> 훈·음 법 법
>
> 음독 ほう, ほっ, はっ

342 台

> 훈·음 별 태, 나 이
> 기쁠 이, 누각 대
> 정자 대, 태풍 태
>
> 음독 だい, たい

始

> 훈·음 처음 시
>
> 훈독 はじめる, はじまる
> 음독 し

治

> 훈·음 다스릴 치
>
> 훈독 おさめる, おさまる, なおる, なおす
> 음독 じ, ち

343 至

> 훈·음 이를 지
> 지극할 지
>
> 훈독 いたる
> 음독 し

室

> 훈·음 집 실
> 방 실
> 아내 실
>
> 훈독 むろ
> 음독 しつ

屋 훈·음 집 옥　훈독 や　음독 おく

広 훈·음 넓을 광　훈독 ひろい, ひろがる, ひろまる　음독 こう

鉱 훈·음 쇳돌 광　음독 こう

拡 훈·음 넓힐 확　훈독 ひろげる, ひろがる　음독 かく

以 훈·음 써 이 / 까닭 이　훈독 もって　음독 い

似 훈·음 같을 사 / 닮을 사　훈독 にる　음독 じ

参 훈·음 참여할 참 / 석 삼　훈독 まいる　음독 さん

147

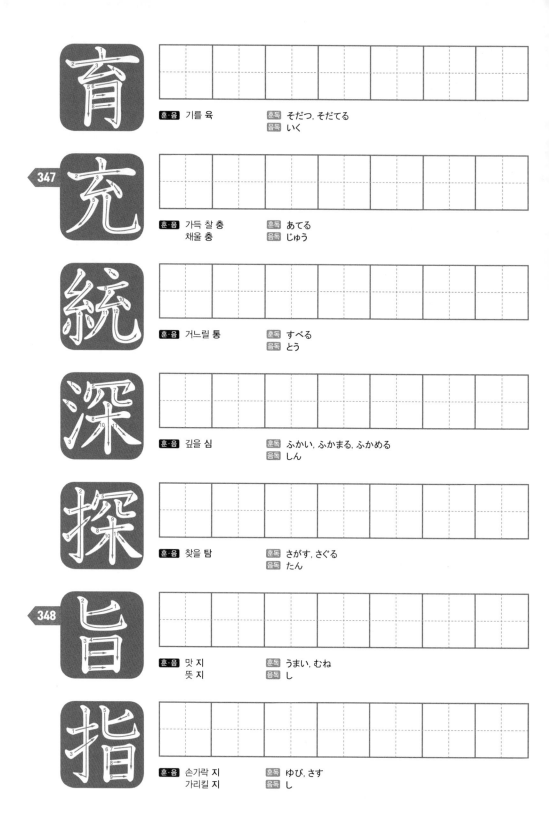

育 [훈·음] 기를 육 [훈독] そだつ, そだてる [음독] いく

347 充 [훈·음] 가득 찰 충 / 채울 충 [훈독] あてる [음독] じゅう

統 [훈·음] 거느릴 통 [훈독] すべる [음독] とう

深 [훈·음] 깊을 심 [훈독] ふかい, ふかまる, ふかめる [음독] しん

探 [훈·음] 찾을 탐 [훈독] さがす, さぐる [음독] たん

348 旨 [훈·음] 맛 지 / 뜻 지 [훈독] うまい, むね [음독] し

指 [훈·음] 손가락 지 / 가리킬 지 [훈독] ゆび, さす [음독] し

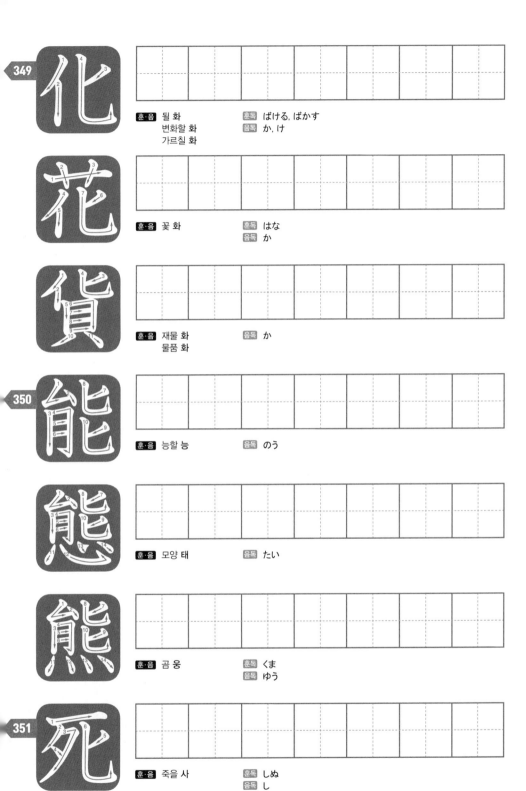

349 化
훈·음 될 화 　 훈독 ばける, ばかす
변화할 화 　 음독 か, け
가르칠 화

花
훈·음 꽃 화 　 훈독 はな
음독 か

貨
훈·음 재물 화 　 음독 か
물품 화

350 能
훈·음 능할 능 　 음독 のう

態
훈·음 모양 태 　 음독 たい

熊
훈·음 곰 웅 　 훈독 くま
음독 ゆう

351 死
훈·음 죽을 사 　 훈독 しぬ
음독 し

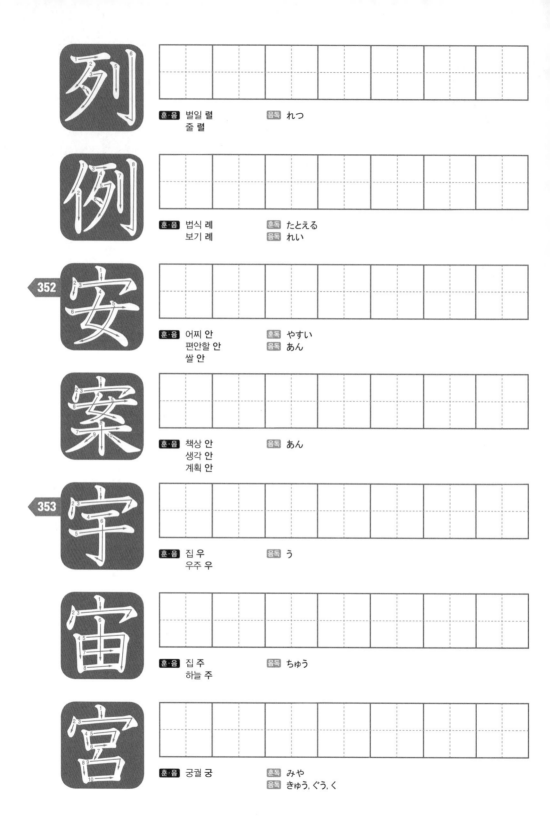

列 훈·음 벌일 렬 음독 れつ
　　　줄 렬

例 훈·음 법식 례 훈독 たとえる
　　　보기 례 음독 れい

安 훈·음 어찌 안 훈독 やすい
　　　편안할 안 음독 あん
　　　쌀 안

案 훈·음 책상 안 음독 あん
　　　생각 안
　　　계획 안

宇 훈·음 집 우 음독 う
　　　우주 우

宙 훈·음 집 주 음독 ちゅう
　　　하늘 주

宮 훈·음 궁궐 궁 훈독 みや
　　　　　　 음독 きゅう, ぐう, く

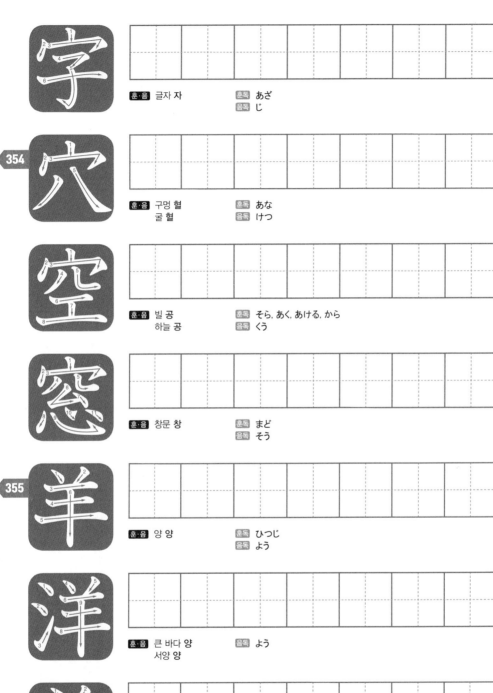

字
훈·음 글자 자 　　훈독 あざ
　　　　　　　　음독 じ

354
穴
훈·음 구멍 혈 　　훈독 あな
　　　　굴 혈 　　음독 けつ

空
훈·음 빌 공 　　훈독 そら, あく, あける, から
　　　　하늘 공 　음독 くう

窓
훈·음 창문 창 　　훈독 まど
　　　　　　　　음독 そう

355
羊
훈·음 양 양 　　훈독 ひつじ
　　　　　　　　음독 よう

洋
훈·음 큰 바다 양 　음독 よう
　　　　서양 양

美
훈·음 아름다울 미 　훈독 うつくしい
　　　　　　　　음독 び

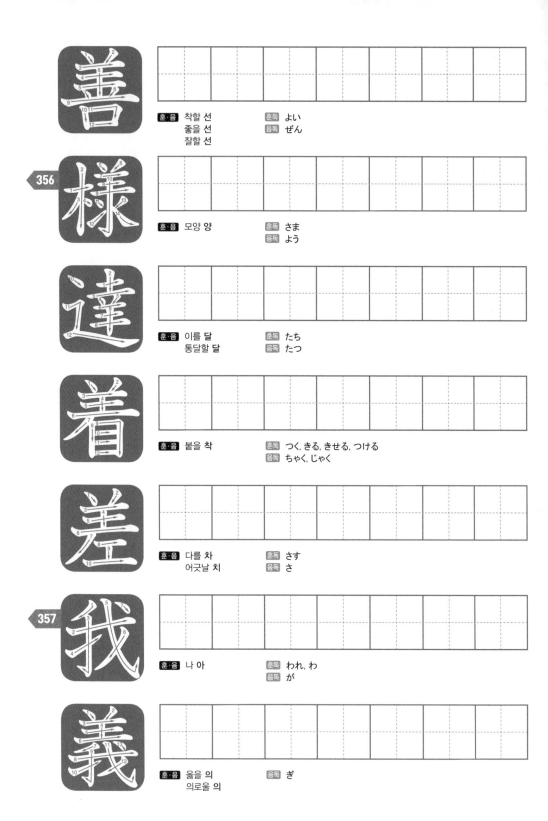

善 훈·음 착할 선 / 좋을 선 / 잘할 선　　훈독 よい　음독 ぜん

様 훈·음 모양 양　　훈독 さま　음독 よう

達 훈·음 이를 달 / 통달할 달　　훈독 たち　음독 たつ

着 훈·음 붙을 착　　훈독 つく, きる, きせる, つける　음독 ちゃく, じゃく

差 훈·음 다를 차 / 어긋날 치　　훈독 さす　음독 さ

我 훈·음 나 아　　훈독 われ, わ　음독 が

義 훈·음 옳을 의 / 의로울 의　　음독 ぎ

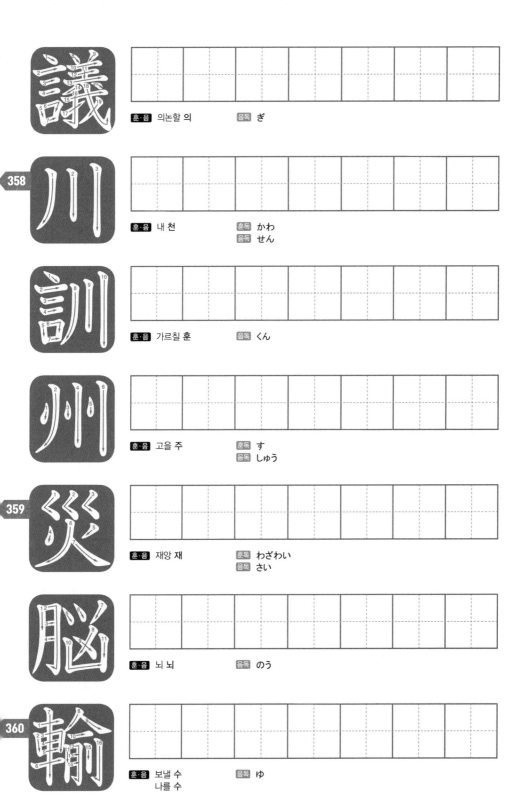

훈·음 의논할 의　　음독 ぎ

358

훈·음 내 천　　훈독 かわ
음독 せん

훈·음 가르칠 훈　　음독 くん

훈·음 고을 주　　훈독 す
음독 しゅう

359

훈·음 재앙 재　　훈독 わざわい
음독 さい

훈·음 뇌 뇌　　음독 のう

360

훈·음 보낼 수　　음독 ゆ
　　　나를 수

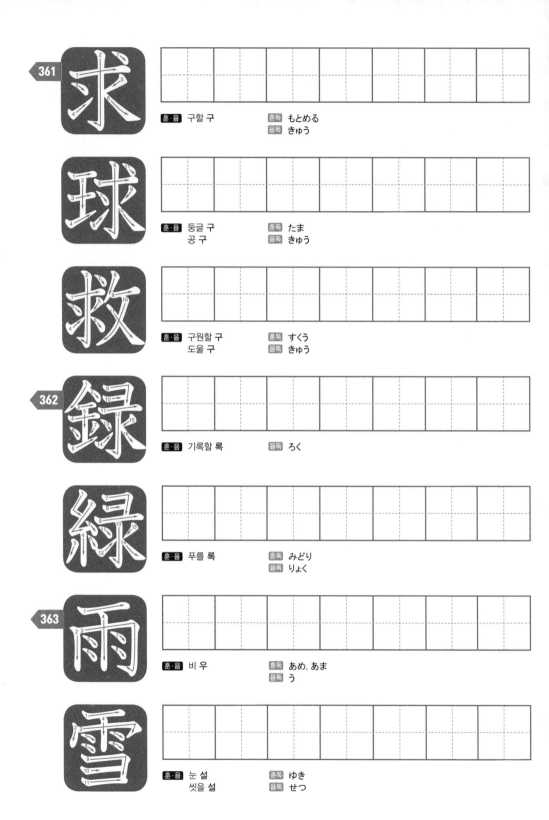

361 求 훈·음 구할 구　훈독 もとめる　음독 きゅう

球 훈·음 둥글 구　공 구　훈독 たま　음독 きゅう

救 훈·음 구원할 구　도울 구　훈독 すくう　음독 きゅう

362 錄 훈·음 기록할 록　음독 ろく

綠 훈·음 푸를 록　훈독 みどり　음독 りょく

363 雨 훈·음 비 우　훈독 あめ, あま　음독 う

雪 훈·음 눈 설　씻을 설　훈독 ゆき　음독 せつ

훈·음 번개 전
전기 전　　음독 でん

훈·음 말할 운　　훈독 いう
　　　　　　　　음독 うん

훈·음 구름 운　　훈독 くも
　　　　　　　　음독 うん

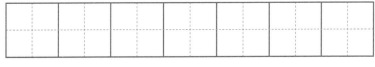

훈·음 흐를 류　　훈독 ながれる, ながす
　　　　　　　　음독 りゅう, る

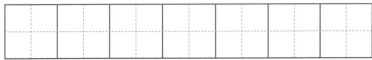

훈·음 재주 예　　음독 げい
기술 예

훈·음 모일 회　　훈독 あう
　　　　　　　　음독 かい, え

훈·음 그림 회　　음독 かい, え

155

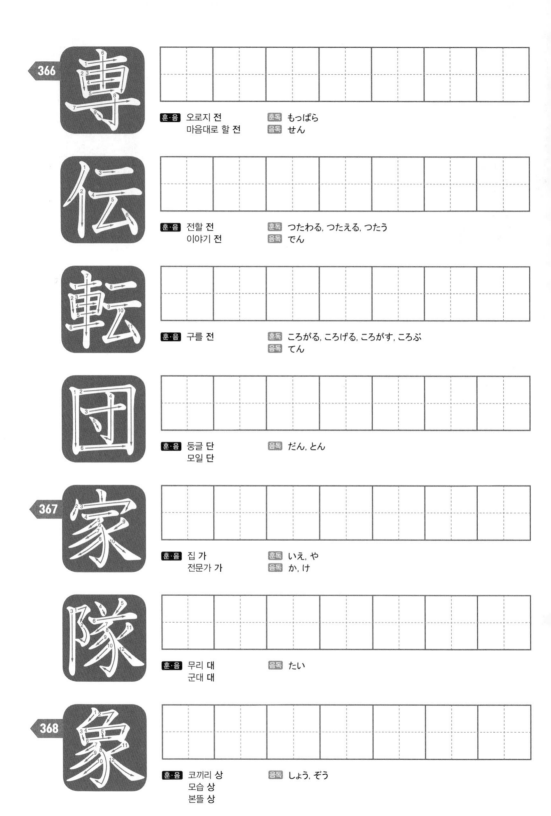

366 専

훈·음 오로지 전
마음대로 할 전
훈독 もっぱら
음독 せん

伝

훈·음 전할 전
이야기 전
훈독 つたわる, つたえる, つたう
음독 でん

転

훈·음 구를 전
훈독 ころがる, ころげる, ころがす, ころぶ
음독 てん

団

훈·음 둥글 단
모일 단
음독 だん, とん

367 家

훈·음 집 가
전문가 가
훈독 いえ, や
음독 か, け

隊

훈·음 무리 대
군대 대
음독 たい

368 象

훈·음 코끼리 상
모습 상
본뜰 상
음독 しょう, ぞう

훈·음 모습 상
　　 본뜰 상
음독 ぞう

훈·음 어금니 아
훈독 きば
음독 が, げ

훈·음 싹 아
훈독 め
음독 が

훈·음 범 호
훈독 とら
음독 こ

훈·음 심할 극
　　 연극 극
음독 げき

훈·음 곳 처
　　 살 처
　　 처리할 처
훈독 ところ
음독 しょ

훈·음 부르짖을 호
　　 이름 호
　　 부호 호
음독 ごう

372 呉

훈·음 큰소리칠 화
오나라 오

훈독 くれる
음독 ご

誤

훈·음 그르칠 오

훈독 あやまる
음독 ご

373 兎

훈·음 토끼 토

훈독 うさぎ
음독 と

免

훈·음 면할 면

훈독 まぬかれる
음독 めん

勉

훈·음 힘쓸 면

훈독 まぬかれる, つとめる
음독 べん

晩

훈·음 늦을 만

음독 ばん

374 酉

훈·음 술 그릇 유, 술 유
닭 유, 열째 지지 유

훈독 とり

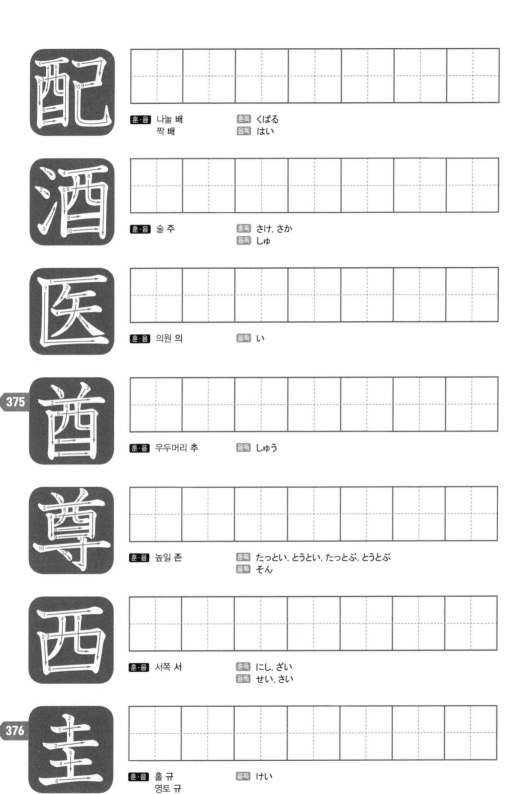

配

훈·음 나눌 배
짝 배
훈독 くばる
음독 はい

酒

훈·음 술 주
훈독 さけ, さか
음독 しゅ

医

훈·음 의원 의
음독 い

375

酋

훈·음 우두머리 추
음독 しゅう

尊

훈·음 높일 존
훈독 たっとい, とうとい, たっとぶ, とうとぶ
음독 そん

西

훈·음 서쪽 서
훈독 にし, ざい
음독 せい, さい

376

圭

훈·음 홀 규
영토 규
서옥 규
음독 けい

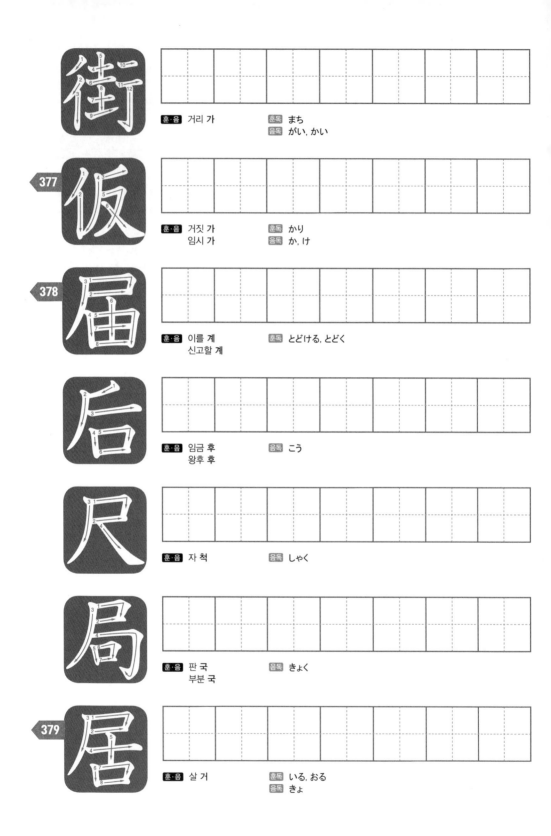

街
훈·음 거리 가
훈독 まち
음독 がい, かい

377 仮
훈·음 거짓 가
임시 가
훈독 かり
음독 か, け

378 届
훈·음 이를 계
신고할 계
훈독 とどける, とどく

后
훈·음 임금 후
왕후 후
음독 こう

尺
훈·음 자 척
음독 しゃく

局
훈·음 판 국
부분 국
음독 きょく

379 居
훈·음 살 거
훈독 いる, おる
음독 きょ

160

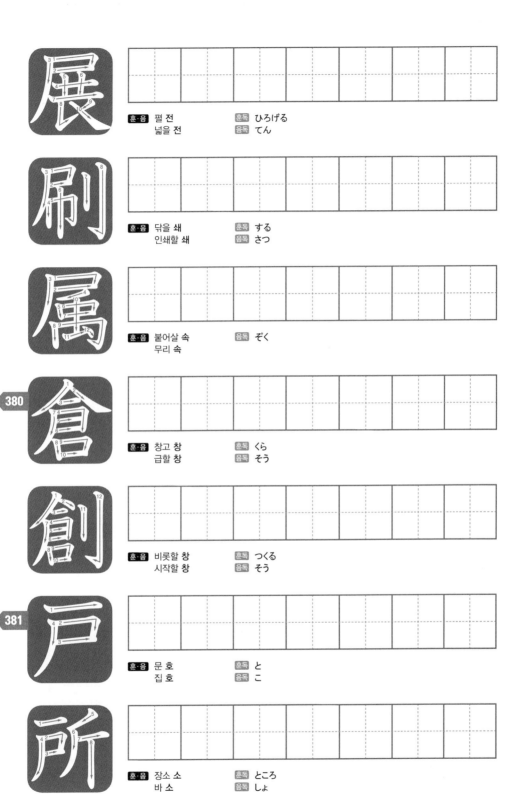

훈·음 펼 전 　　훈독 ひろげる
　　 넓을 전 　　음독 てん

훈·음 닦을 쇄 　　훈독 する
　　 인쇄할 쇄 　　음독 さつ

훈·음 붙어살 속 　　음독 ぞく
　　 무리 속

훈·음 창고 창 　　훈독 くら
　　 급할 창 　　음독 そう

훈·음 비롯할 창 　　훈독 つくる
　　 시작할 창 　　음독 そう

훈·음 문 호 　　훈독 と
　　 집 호 　　음독 こ

훈·음 장소 소 　　훈독 ところ
　　 바 소 　　음독 しょ

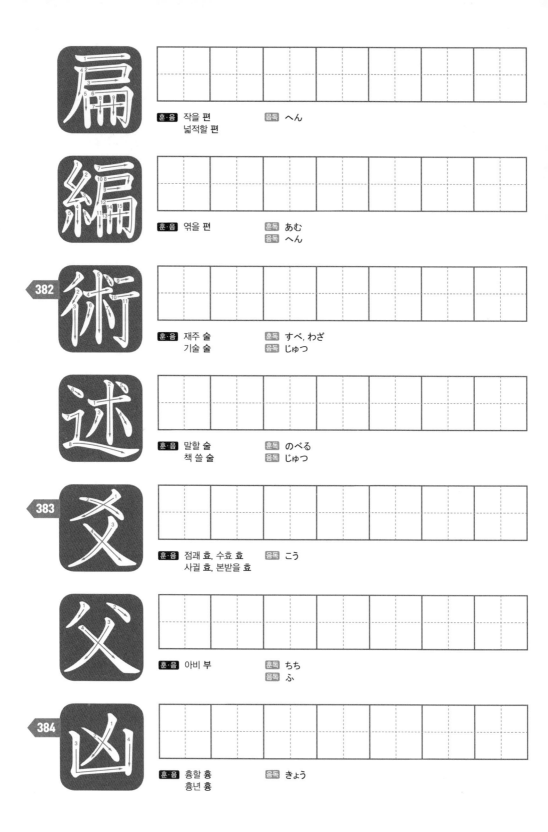

훈·음 작을 편
넓적할 편
음독 へん

훈·음 엮을 편
훈독 あむ
음독 へん

382

훈·음 재주 술
기술 술
훈독 すべ, わざ
음독 じゅつ

훈·음 말할 술
책 쓸 술
훈독 のべる
음독 じゅつ

383

훈·음 점괘 효, 수효 효
사귈 효, 본받을 효
음독 こう

훈·음 아비 부
훈독 ちち
음독 ふ

384

훈·음 흉할 흉
흉년 흉
음독 きょう

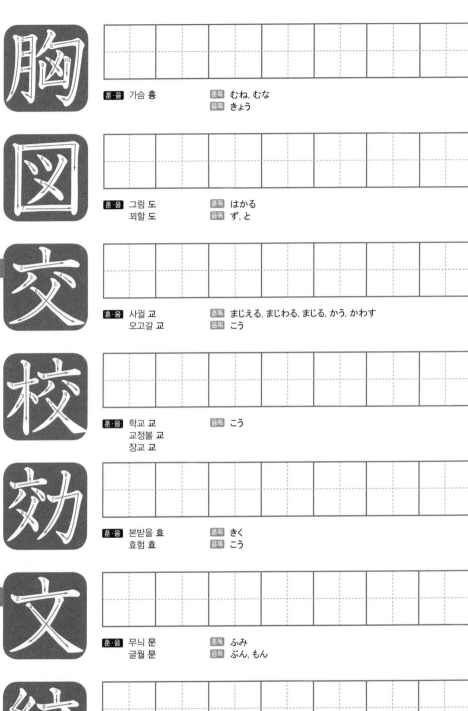

胸　훈·음 가슴 흉　훈독 むね, むな
　　　　　　　　　　　音독 きょう

図　훈·음 그림 도　　훈독 はかる
　　　　꾀할 도　　　音독 ず, と

交　훈·음 사귈 교　　훈독 まじえる, まじわる, まじる, かう, かわす
　　　　오고갈 교　　音독 こう

校　훈·음 학교 교　　音독 こう
　　　　교정볼 교
　　　　장교 교

効　훈·음 본받을 효　훈독 きく
　　　　효험 효　　　音독 こう

文　훈·음 무늬 문　　훈독 ふみ
　　　　글월 문　　　音독 ぶん, もん

紋　훈·음 무늬 문　　音독 もん

385

386

163

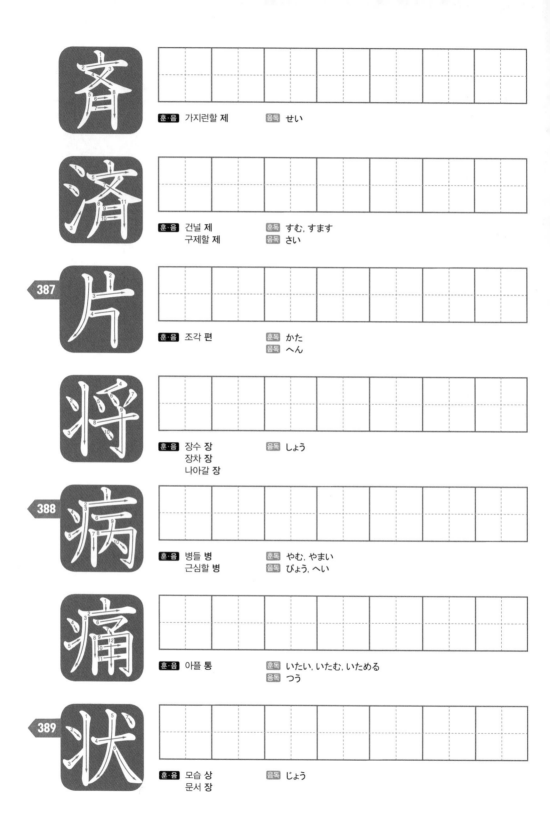

齊 훈·음 가지런할 제　음독 せい

済 훈·음 건널 제　훈독 すむ, すます
구제할 제　음독 さい

片 훈·음 조각 편　훈독 かた
음독 へん

将 훈·음 장수 장　음독 しょう
장차 장
나아갈 장

病 훈·음 병들 병　훈독 やむ, やまい
근심할 병　음독 びょう, へい

痛 훈·음 아플 통　훈독 いたい, いたむ, いためる
음독 つう

状 훈·음 모습 상　음독 じょう
문서 장

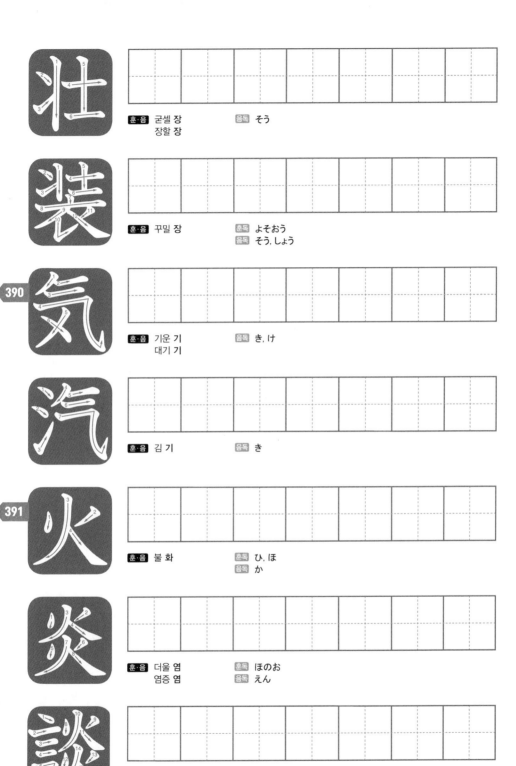

壯 훈·음 굳셀 장 / 장할 장　음독 そう

裝 훈·음 꾸밀 장　훈독 よそおう　음독 そう, しょう

390 気 훈·음 기운 기 / 대기 기　음독 き, け

汽 훈·음 김 기　음독 き

391 火 훈·음 불 화　훈독 ひ, ほ　음독 か

炎 훈·음 더울 염 / 염증 염　훈독 ほのお　음독 えん

談 훈·음 말씀 담　음독 だん

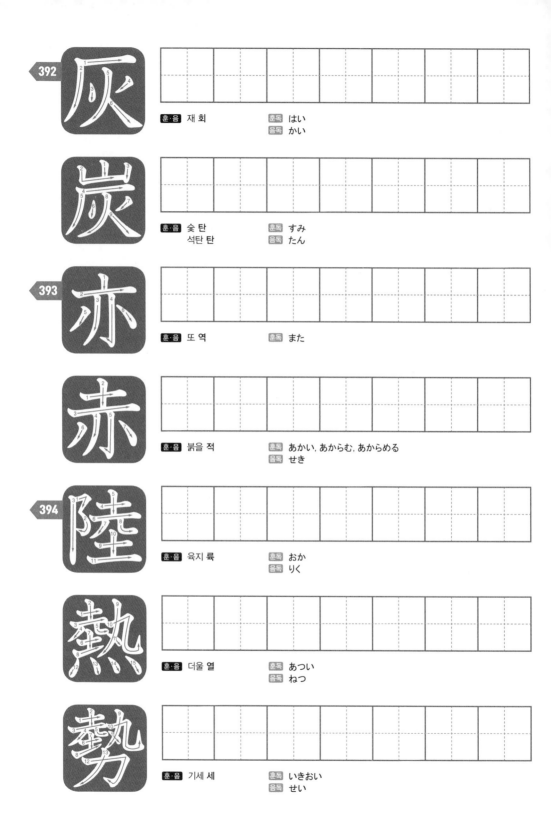

392 灰
훈·음 재 회　　　훈독 はい
　　　　　　　　음독 かい

炭
훈·음 숯 탄　　　훈독 すみ
　　　석탄 탄　　음독 たん

393 亦
훈·음 또 역　　　훈독 また

赤
훈·음 붉을 적　　훈독 あかい, あからむ, あからめる
　　　　　　　　음독 せき

394 陸
훈·음 육지 륙　　훈독 おか
　　　　　　　　음독 りく

熱
훈·음 더울 열　　훈독 あつい
　　　　　　　　음독 ねつ

勢
훈·음 기세 세　　훈독 いきおい
　　　　　　　　음독 せい

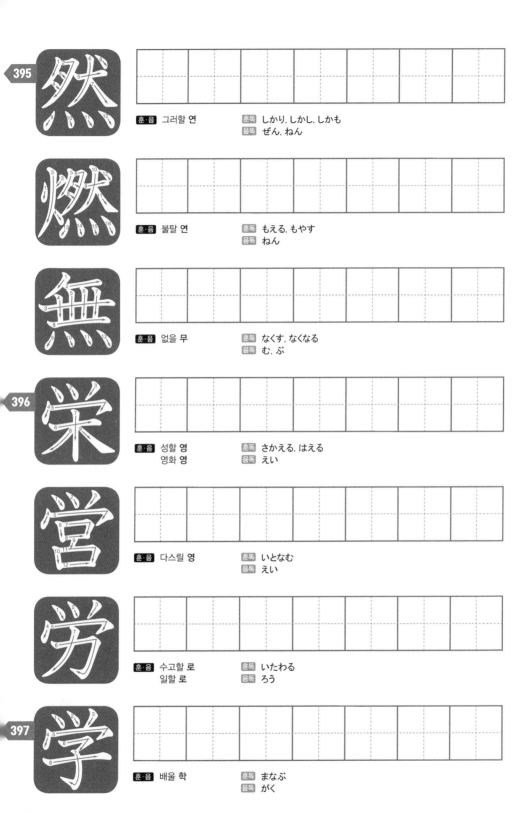

395 然

훈·음 그러할 연　　훈독 しかり, しかし, しかも
　　　　　　　　　　음독 ぜん, ねん

燃

훈·음 불탈 연　　훈독 もえる, もやす
　　　　　　　　음독 ねん

無

훈·음 없을 무　　훈독 なくす, なくなる
　　　　　　　　음독 む, ぶ

396 栄

훈·음 성할 영　　훈독 さかえる, はえる
　　　영화 영　　음독 えい

営

훈·음 다스릴 영　　훈독 いとなむ
　　　　　　　　　음독 えい

労

훈·음 수고할 로　　훈독 いたわる
　　　일할 로　　　음독 ろう

397 学

훈·음 배울 학　　훈독 まなぶ
　　　　　　　　음독 がく

167

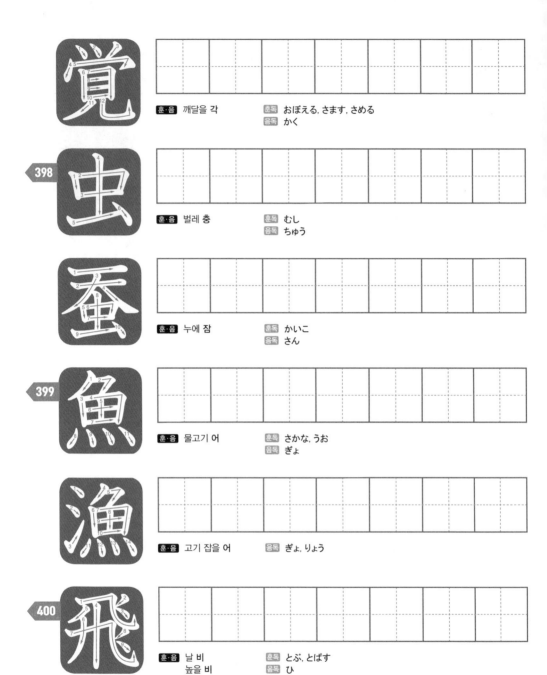

覚
훈·음 깨달을 각 　훈독 おぼえる, さます, さめる
　　　　　　　 음독 かく

398 虫
훈·음 벌레 충 　훈독 むし
　　　　　　 음독 ちゅう

蚕
훈·음 누에 잠 　훈독 かいこ
　　　　　　 음독 さん

399 魚
훈·음 물고기 어 　훈독 さかな, うお
　　　　　　　 음독 ぎょ

漁
훈·음 고기 잡을 어 　음독 ぎょ, りょう

400 飛
훈·음 날 비 　훈독 とぶ, とばす
　　　높을 비 　음독 ひ
　　　빠를 비

MEMO

좋은 책을 만드는 길, 독자님과 함께 하겠습니다.

일본어 한자암기박사 1 상용한자 기본학습 쓰기 훈련 노트
(읽으면 저절로 외워지는 기적의 암기공식)

초판5쇄 발행	2024년 07월 15일 (인쇄 2024년 05월 17일)
초 판 발 행	2021년 06월 04일 (인쇄 2021년 04월 19일)
발 행 인	박영일
책 임 편 집	이해욱
편 저	박원길 · 박정서
편 집 진 행	SD어학연구소
표지디자인	김지수
편집디자인	조은아 · 곽은슬
발 행 처	(주)시대고시기획
출 판 등 록	제10-1521호
주 소	서울시 마포구 큰우물로 75 [도화동 538 성지 B/D] 9F
전 화	1600-3600
팩 스	02-701-8823
홈 페 이 지	www.sdedu.co.kr

I S B N	979-11-254-9747-9(14730)
정 가	9,000원